Du même auteur :

Devenir bilingue en anglais
978-1451523393

How to learn English
978-1453844151

Le don des langues

LES ATTITUDES, STRATEGIES ET TECHNIQUES
POUR REUSSIR EN LANGUES VIVANTES

FABIEN SNAUWAERT

Le don des langues

ISBN:
978-1468159226

TABLE DES MATIERES

INTRODUCTION

Redéfinir les langues « étrangères »

Lorsqu'on apprend une nouvelle langue, on parle souvent de « langue étrangère » ou de « deuxième » ou « seconde langue ». Ce sont des expressions que je n'aime pas beaucoup car je ne les trouve pas très constructives. Lorsqu'on apprend une langue, on veut pouvoir BIEN la parler. Bien parler une langue, ça signifie avoir un lien affectif avec celle-ci. Cela veut dire avoir des souvenirs dans cette langue, penser dans cette langue, avoir des amitiés, des amours ou tout ce que vous voulez dans cette langue. Bien parler une langue, c'est la rendre familière.

Bien parler une langue, c'est la rendre familière

Pour toutes ces raisons, je n'aime pas l'expression « langues étrangères » puisque le but est de rendre la langue familière… Tant qu'on la considère comme « étrangère », on travaille à contre-courant.

Même remarque lorsque l'on dit « deuxième » ou « seconde » langue. En effet, c'est peut-être la deuxième langue que l'on apprend… Mais cela implique une idée de classement, d'ordre, qui n'est pas très productive lorsque l'on veut maîtriser une langue. La vérité est que, lorsqu'on maîtrise vraiment une langue vivante, on l'utilise avec autant de naturel que notre langue natale. C'est cela que j'appelle être bilingue. Dans cette vision des choses, il n'y a plus de classement entre les langues. Vous avez peut-être appris une langue après votre langue natale mais cela ne vous empêche pas de mettre les deux sur un pied d'égalité.

Alors, désormais, lorsque vous entendez les expressions « langue étrangère », « deuxième langue », « seconde langue », « troisième langue », etc.… J'aimerais que vous repensiez à tout cela et au fait que la langue que vous étudiez, votre langue supplémentaire, est une langue que vous voulez rendre aussi familière que votre langue natale. Tout au long du livre, on parlera donc plutôt de

Tout au long du livre, on parlera donc plutôt de « nouvelle langue » que de « langue étrangère »

« nouvelle langue », de « langue vivante » ou de « langue cible » que de « langue étrangère » ou de « seconde langue ». On utilisera l'expression « langue étrangère » uniquement lorsque l'on veut *insister* sur le fait que ce n'est pas votre langue natale.

Ce livre part aussi du principe que vous êtes en train, ou sur le point, de travailler une langue vivante précise. J'aimerais donc que vous vous imaginiez utiliser les concepts et les techniques que vous découvrirez, soit immédiatement (faites une pause dans votre lecture quand vous le souhaitez), soit dans les quelques jours suivant. Ce livre devrait vous amener à quelques réalisations sur les langues qui vous accompagneront toute votre vie. Ceci étant dit, certaines des informations contenues ici ne révèlent leur vraie valeur que si vous les mettez en pratique ! Alors ne gâchez pas votre investissement dans cet ouvrage en ne faisant rien, au contraire, profitez de vos nouvelles connaissances pour transformer la manière dont vous apprenez les langues !

Le don des langues vivantes

Etre doué en langues est-il inné ou acquis ? Est-ce un don du Ciel ou une compétence qui s'acquiert? Existe-t-il, par exemple, un gène pour avoir ce don ? Ce sont des questions intéressantes mais mon but, ici, n'est pas d'y répondre. Pourquoi ? Mettons qu'il existe une version de ce gène qui aide à mieux mémoriser les langues vivantes, par exemple. A quoi cela nous servirait-il de le savoir puisqu'on ne peut pas l'acquérir une fois adulte ? Ca ne servirait pas à grand-chose, à part peut-être à se frustrer.

Alors, ce qui m'intéresse, à la place, dans ce livre, c'est de vous montrer d'où nous partons tous en matière de langues vivantes ET les moyens à notre disposition pour apprendre avec plus de facilité.

Je vous donne un bref exemple : lorsqu'un bébé a entre 6 et 10 mois, il est capable de distinguer les sons de toutes les langues au monde. C'est-à-dire qu'un enfant, quel que soit son pays, et quelles que soient ses origines, pourrait apprendre une langue quelle qu'elle soit. C'est un point par lequel nous sommes tous passés. Par la suite, nous perdons cette faculté pour nous concentrer sur notre langue natale. On optimise. Mais tout cela a quelque chose de rassurant : nous partons tous d'un même point. Par la suite, il est certain que les gens développent plus ou moins leur talent pour parler leur langue natale et puis aussi, partant de là, pour parler de nouvelles langues. La recherche montre néanmoins que cela a beaucoup à voir avec l'environnement dans lequel on évolue enfant. Beaucoup de caractéristiques qui passent pour des dons sont en fait des progrès accumulés dans le temps.

Beaucoup de caractéristiques qui passent pour des dons sont en fait des progrès accumulés dans le temps.

Tout cela pour vous dire que, quelles que soient les conditions desquelles nous partons, nous sommes tous passés par certaines étapes communes ET nous avons tous la possibilité de travailler et d'améliorer certains points. Tout se travaille. L'objectif de cet ouvrage est de vous montrer *quoi* et *comment* travailler pour obtenir le maximum de retour avec le minimum d'efforts.

Ce livre est issu de mes lectures sur le fonctionnement du cerveau, sur l'apprentissage des langues, sur la psychologie de l'apprentissage et sur la psychologie du changement. En somme, mon travail a été d'observer la manière dont les gens réussissent (ou échouent !) à apprendre une nouvelle langue. J'ai aussi bien sûr basé mon travail sur mon expérience à apprendre l'anglais jusqu'à un stade où l'anglais est aussi naturel pour moi que le français, sinon davantage sur certains sujets de conversation, ET sur l'application de mes lectures théoriques à l'apprentissage pratique du Hongrois, langue réputée difficile où je ne partais de rien. Confronter mon expérience à la recherche et vice-versa s'est révélé passionnant !

Ce qui va m'intéresser, c'est de vous présenter les attitudes, les stratégies et les techniques que les gens doués en langues vivantes utilisent. Si vous vous considérez mauvais en langues, cela vous aidera à gagner en aisance et à être sur un pied d'égalité avec quelqu'un qui aurait des prédispositions. Si vous vous considérez déjà doué pour les langues, ces informations vont vous aider à devenir encore meilleur.

Songez à un bijoutier qui veut créer des bijoux magnifiques. Les ressources ne suffisent pas SANS les instructions. Vous pouvez avoir de magnifiques pierres précieuses, de magnifiques métaux et de d'excellents outils à votre disposition… Si personne ne vous enseigne *comment* les utiliser, vous pouvez perdre une éternité à essayer de produire vos premiers bijoux, sans succès, et malgré toute la bonne volonté du monde. Rien ne sert de perdre notre temps à essayer de réinventer la roue. Il existe des manières de voir les choses et d'agir qui sont GAGNANTES pour apprendre une langue. Utilisons-les.

Quelques exemples seront de savoir quoi observer, de savoir comment décomposer un mot nouveau, de savoir s'habituer à des sons nouveaux, de savoir mémoriser ou encore de penser *directement* dans votre nouvelle langue, dès vos débuts… Si vous avez toutes ces techniques dans votre arsenal, vous serez prêt à absorber tout ce que vous apprenez au sujet de votre nouvelle langue. Le but avoué de ce livre est de vous préparer, vous et votre cerveau, à absorber les langues vivantes comme une éponge.

Timothy Gallwey a écrit des ouvrages sur l'importance de l'état d'esprit et du travail sur le mental dans divers sports. Ses livres s'appellent « The Inner Game of Tennis », « The Inner Game of Golf » et d'autres titres sur divers sports et activités. Cela l'a amené à réaliser beaucoup de formations en entreprise. Il souligne dans ses livres le fait qu'une partie de tennis, par exemple, ne se joue pas uniquement sur le terrain par la technique, le travail au sol et la confrontation à l'adversaire mais aussi et d'abord par le mental, à travers notre manière de percevoir les choses, de gérer nos états internes et, au final, de nous gérer nous-mêmes. Depuis, ses concepts ont été repris dans le monde du coaching, de l'éducation et des affaires. Plutôt que de placer des efforts uniquement à l'extérieur de nous sur des éléments qui ne dépendent pas de nous directement, plaçons ces efforts EN nous pour mieux utiliser nos ressources et optimiser notre manière d'apprendre.

De la même manière, apprendre une langue et devenir bon en langues vivantes passent par un travail sur soi pour mieux utiliser nos ressources ET par un travail externe, sur la nouvelle langue. J'appellerai cela tout simplement le travail interne pour le travail sur soi et le travail externe pour le travail sur le monde extérieur. C'est une invitation à ne pas travailler la langue uniquement sur des points particuliers, à travers des ouvrages multiples, mais à faire un travail sur nous-mêmes, à travers nos états d'esprit, nos observations et nos actions.

Je pars de l'idée selon laquelle bien comprendre les principes qui gouvernent un sujet permet d'y être à l'aise et d'apprendre rapidement. Lorsque l'on comprend bien les principes de base, les techniques viennent toutes seules.

Vous trouverez donc deux parties dans ce livre. La partie sur le travail interne couvrira les attitudes qui aident à aborder votre nouvelle langue de manière ouverte, des manières de mieux gérer, observer et comprendre le langage en général, quelle que soit la langue, et beaucoup d'information sur le cerveau et la mémoire, pour mieux se connaître et mieux utiliser les ressources dont nous disposons. La seconde partie, sur le travail externe, portera sur les techniques concrètes que l'on peut utiliser pour faire face à une langue, qu'il s'agisse de bien débuter, avec une bonne méthodologie, de savoir quoi faire et de continuer à apprendre et à comprendre face à des situations de langue difficiles ou bien encore d'apprendre efficacement, en décomposant ce à quoi on fait face en éléments digestes et faciles à traiter.

Mon espoir est que, combinées, ces deux parties vous donnent l'aisance de mieux comprendre les langues en général. Cela pour pouvoir développer vos propres techniques et, en même temps, pour que vous ayez à votre disposition des techniques efficaces, qui ont fait leurs preuves et sont prêtes à être utilisées. Dans tous les cas, mon objectif a été la clarté et de transmettre des savoir-faire importants, pour enrichir votre vision des langues vivantes. Le but est que vous soyez à l'aise et plein de ressources pour parler votre nouvelle langue facilement.

Mode d'emploi

Nous allons couvrir beaucoup de terrain ! Je suis vraiment heureux de pouvoir partager toutes ces connaissances avec vous car ce sont des sujets passionnants et je SAIS que, après avoir lu ce livre, vous ne verrez plus jamais les langues vivantes de la même manière !

Aussi, j'aimerais vous donner quelques conseils pour l'utiliser au mieux. D'abord, allez-y à votre rythme. Prenez des notes et prenez tout de suite de quoi écrire. Si vous êtes dans les transports ou un lieu où vous ne pouvez pas écrire, prenez des notes mentalement sur ce qui vous semble le plus important, pour vous, actuellement.

Cet ouvrage est riche en information. On couvre beaucoup de sujets différents et je n'ai rien voulu laisser au hasard. Alors… Pas la peine de vous auto-flageller si vous n'assimilez pas 100%de l'information dès la première lecture ! Le but est que vous piochiez, dans toutes ces informations, *celles* qui vous parlent le plus actuellement. Il y a beaucoup d'information sur comment mieux observer, mieux mémoriser, mieux utiliser une nouvelle langue… Prenez ce qui vous sert et laissez le reste de côté pour l'instant. Différents contenus parleront à différentes personnes selon leur niveau au moment de la lecture et suivant leur style d'apprentissage. Ce qui ne vous parle pas immédiatement vous parlera plus tard.

Enfin, je voudrais que vous vous promettiez de relire ce livre au moins tous les 3 mois jusqu'à ce que vous parliez couramment votre nouvelle langue. Comme vous avancez dans la connaissance puis la *maîtrise* de votre nouvelle langue, vous gagnerez en profondeur en relisant des parties de ce livre et vous pourrez les confronter à l'expérience acquise dans l'intervalle.

Comment développer son don pour les langues vivantes… C'est parti !

1ERE PARTIE : LE TRAVAIL INTERNE

Dans cette première partie, nous allons voir tout ce que l'on peut faire pour optimiser nos attitudes, nos pensées, notre cerveau et notre mémoire par rapport aux langues vivantes. Notre premier outil pour apprendre, c'est nous-mêmes, alors nous allons apprendre à nous servir au mieux de nos ressources en nous connaissant mieux nous-mêmes, en connaissant mieux la nature humaine, et en découvrant ce qui permet d'apprendre de manière à la fois naturelle et efficace.

Cette première partie s'attache à vous transmettre les *principes* qui feront de vous quelqu'un qui a des facilités pour les langues. Si vous comprenez bien ces principes, tout le reste suivra de manière fluide. Lorsque les principes sont acquis, toutes les méthodes sont bonnes.

CHAPITRE 1
L'ATTITUDE A ADOPTER

L'attitude que l'on adopte est très importante lorsqu'on apprend quelque chose. Un a priori négatif ou de mauvais souvenirs peuvent suffire à pourrir votre apprentissage. Voyez si ce n'est pas le cas pour la langue que vous apprenez actuellement. Est-ce que de mauvais souvenirs ou des a priori négatifs jouent sur la manière dont vous percevez la langue que vous apprenez ? Je vais faire le tour de quelques attitudes négatives courantes pour les recadrer et partir d'une base saine. Le but ici est de transformer des idées négatives en idées positives c'est-à-dire, avant tout, *constructives*.

1.1 Les attitudes négatives

1.1.1 Les langues sont difficiles

Si vous pensez qu'il est difficile d'apprendre une nouvelle langue... Pensez aux années et à l'énergie mises à apprendre la première : votre langue natale! Vous avez mis beaucoup d'efforts de 0 à 7 ans pour apprendre à parler d'une manière décente... Puis toute votre scolarité pour raffiner votre manière de parler et d'écrire. Apprendre une langue supplémentaire sera… forcément plus facile!

Qu'est-ce que la difficulté au juste ? La difficulté est un des éléments qui m'a motivé à apprendre le hongrois. Je me disais, quitte à vouloir apprendre une troisième langue, autant gagner en confiance en en apprenant une réputée difficile ! Au final, je me suis aperçu que le hongrois n'était pas difficile. Juste différent du français et de l'anglais. J'évite maintenant l'usage de ce mot. Le hongrois n'est pas difficile. Juste différent. Ce n'est pas juste un jeu de mot mais un constat. Les langues sont au final toutes les mêmes : le but est de transformer du son en sens pour comprendre, et des idées en son pour s'exprimer. Les sons employés et l'ordre selon lequel on organise les mots sont différents mais c'est tout. Le mécanisme reste le même.

Les langues sont au final toutes les mêmes : le but est de transformer du son en sens

Si je vous parle d'apprendre le russe, ce qui vous viendra peut-être en premier à l'esprit c'est que l'alphabet russe est différent. Même chose pour le chinois, vous penserez en premier à l'écriture et aux idéogrammes qui semblent être un monde à part. Ne laissez pas le texte vous aveugler ! Le texte, c'est souvent l'arbre qui cache la forêt. Le texte n'est pas le plus important, surtout lorsqu'on débute. Toutes les langues sont sur un pied d'égalité pour ce qui est de les PARLER. Le texte ne vient qu'après, il n'a même été *inventé* qu'après le langage parlé. On estime que le langage est apparu il y a au moins 100 000 ans, alors que les textes les plus anciens ne datent que d'environ 5 000 ans. Pensez bien que toutes les langues sont nées de cette manière... d'abord par la parole… puis plus tard – et même souvent jamais – le texte. De la même manière, un enfant apprend et apprendra toujours à parler avant d'écrire.

Un dernier mot sur ce que l'on appelle l'effet Pygmalion ou prophétie auto-réalisatrice. Si vous imaginez qu'apprendre la langue va être difficile, que vous n'êtes pas fait pour et que c'est tout bonnement impossible d'apprendre dans vos conditions, quelles qu'elles soient… Eh bien, oui, je vous assure que ce sera difficile ! La vérité sur ce qui est difficile ou facile est en fait très subjective… Si vous vous attendez au pire, il risque de se produire. Si vous adoptez une attitude positive, apprendre sera agréable et enrichissant, vous serez ouvert à l'idée d'apprendre et les progrès suivront naturellement. Une attitude positive, cela consiste avant tout à aborder un sujet de manière *constructive*, en y voyant et en y *recherchant* des opportunités.

Une des premières choses que l'on apprend lorsqu'on passe son permis est de ne pas regarder les obstacles… Sans quoi on s'y dirige inconsciemment. Si vous conduisez et qu'une voiture surgit, il s'agit de ne pas rester bloqué sur elle mais de diriger son attention et donc son regard vers l'endroit où l'on veut aller. C'est la même chose en langues. Pensez au négatif et vous irez en plein dedans. Pensez au positif et vous irez en plein dedans aussi ! C'est à vous de choisir vos pensées, votre attitude, et personne d'autre ne peut le faire pour vous.

Voyez ce que vous jugez difficile, ou différent, dans votre nouvelle langue. Prenez un instant pour faire la liste de ces difficultés perçues et pour les reformuler de manière positive, constructive. Le but est que vous perceviez la langue comme abordable et que vous la voyiez comme intéressante plutôt que difficile.

1.1.2 Le manque de confiance

Une attitude négative répandue par rapport aux langues vivantes consiste à douter de sa capacité à apprendre une nouvelle langue. Même fortement motivé, la question finit souvent par se poser : « Est-ce que je suis suffisamment bon/intelligent/doué pour apprendre cette langue? ».

Par rapport à cela, il faut déjà faire le point sur les outils utilisés par le passé. Si vous essayez d'enfoncer un clou à l'aide d'une guimauve et que vous vous demandez sans cesse « Est-ce que je suis assez fort pour enfoncer ce clou ? », la question est évidemment mal posée. De la même manière, si vous avez essayé d'apprendre des langues par le passé sans succès et toujours avec la même approche et que cela n'a pas fonctionné, cela ne sert à rien de mettre vos capacités en doute. Ce sont *les outils* qu'il est bon de remettre en cause.

Si vous essayez d'enfoncer un clou à l'aide d'une guimauve et que vous vous demandez sans cesse « Est-ce que je suis assez fort pour enfoncer ce clou ? », la question est évidemment mal posée

Le passé ne reflète pas le futur. Quelles que soient les raisons de vos échecs passés, et au final temporaires, avec les langues vivantes, cela ne signifie pas que vous allez continuer à être bloqué là où vous êtes.

Laissez le pessimisme de côté. Vous n'êtes pas suffisamment spécial pour ne PAS être capable d'apprendre votre nouvelle langue. Des millions de personnes moins intelligentes que vous savent déjà la parler. Arrêtez de penser que vous êtes peut-être suffisamment différent pour ne PAS parvenir à parler couramment cette langue. A la place, détendez-vous, pensez aux nouvelles manières dont vous pouvez pratiquer votre nouvelle langue et tout ira bien. Soyez prêt à essayer de nouvelles choses et votre confiance s'affirmera en les pratiquant. Qui plus est, les idées que vous allez acquérir dans ce livre sont pour la plupart conçues pour développer votre confiance en vous.

Vous n'êtes pas suffisamment spécial pour ne PAS être capable d'apprendre votre nouvelle langue

1.1.3 L'obsession de la performance

Vous avez peut-être remarqué que l'on vit dans un monde obsédé par la performance. Il « faut »… avoir de bonnes notes, faire de brillantes études, être bon dans son travail, avoir un physique de mannequin, être adoré de tout le monde, être intelligent, et ainsi de suite !... J'aurais pu mettre cette partie dans les attitudes positives parce que, à la base, tout cela part d'un bon sentiment et vise même un bel objectif. Qui ne voudrait pas être plus fort, plus cool, plus intelligent, plus beau ?!

L'ennui de cette recherche constante de la performance est que, en plus d'être désagréable, elle est contre-productive pour ce qui est d'apprendre.

Une pression externe

Le premier problème à rechercher la performance à tout prix est que ce besoin vient surtout *des autres.* « Des autres », au sens large. Cela peut être les parents, l'école, un patron, la publicité… Bref, c'est une pression externe. Alors, loin de moi l'idée de vous demander d'arrêter d'être performant. Je ne vous demande pas de vous transformer en légume. Simplement, choisissez vos batailles et voyez d'où vient cette exigence. Est-ce que cela vient seulement de vous ou est-ce pour le regard d'autrui ?

Avoir un corps sain pour se sentir bien, c'est génial. Viser la maigreur ou la gonflette pour ressembler à une publicité, c'est triste ! Faire son travail du mieux possible parce qu'on le valorise, cela mérite beaucoup de respect. Essayer d'être le meilleur pour être bien vu par la direction, ça manque de substance. Le pire étant que si vous faites cela pour les autres, vous allez le ressentir : vous ne serez pas en accord avec vous-même et vous en voudrez aux autres. C'est ce qui se passe avec les couvertures de magazine et autres sujets « santé » plutôt bidons pour vendre des régimes ! Non seulement on vise un objectif que l'on ne s'est pas fixé, mais *en plus* on déteste subir la surenchère constante. Le problème d'accepter la pression des autres, c'est que la pression ne s'arrêtera jamais. Alors choisissons nos batailles.

Le problème d'accepter la pression des autres, c'est que la pression ne s'arrêtera jamais. Alors choisissons nos batailles

C'est tout à fait louable de vouloir devenir un surhomme simplement parce que c'est ce qu'il y a de mieux : quoi de mieux que de vivre sa vie au maximum et d'utiliser tout son potentiel ?! Pourquoi s'en priver. Simplement, visez d'être bon dans ce que vous faites parce que c'est la bonne chose à faire, pas d'être performant en tout et à tout prix juste pour gonfler votre ego ou plaire à tout le monde.

Temps et biologie

Etymologiquement, « performer », signifie « changer de forme ». Changer prend du temps et ignorer ce fait empêche de bien vivre. Cela gâche aussi le plaisir et la fierté qu'il y a à apprendre. Les efforts payent toujours mais le corps a besoin d'un minimum de temps pour s'adapter, se transformer.

C'est l'exemple de la personne qui va à la salle de sport pour la première fois en un an et qui, en rentrant chez elle, regarde si elle a minci ou gagné du muscle, est déçue de voir que non et se dit que ça ne sert à rien d'avoir fourni des efforts ! Au lieu d'être fier d'avoir fourni des efforts, on se culpabilise de ne pas avoir changé en deux heures. Ce genre de comportement a beau être ridicule d'un point de vue logique, cela ne l'empêche pas de se produire. Ce qui lui donne naissance, c'est la recherche constante de la performance. Il est préférable d'apprendre en faisant confiance au fait que notre corps va s'adapter à nos efforts. Un muscle que l'on sollicite se renforce. De la même manière, un cerveau régulièrement exposé à du langage le mémorise.

Inutile donc de vérifier, à chaque seconde, si, ça y est, on a « changé ». Les changements ne se font jamais en un éclair. On peut apprendre rapidement. C'est sûr. Gardons juste en tête que le corps et le cerveau ont besoin d'un minimum de temps pour changer, c'est logique, c'est tout bonnement *bio*logique !

Le corps et le cerveau ont besoin d'un minimum de temps pour changer, c'est logique, c'est tout bonnement *bio*logique !

Les langues vivantes ne sont pas à l'abri de tout ça. Etudier longuement et constater que personne ne nous comprend, c'est frustrant mais c'est parfois naturel. Si l'on se place dans une recherche de la performance, l'ego en prend un coup et c'est ce type d'occasion qui amène à baisser les bras.

Par exemple, lors de mon premier séjour à Budapest, après avoir commencé à apprendre le hongrois, non seulement je ne connaissais pas grand-chose mais *personne* ne comprenait le peu que j'avais appris. Même chose au début lors de mon séjour suivant… Pourtant, j'ai eu énormément de plaisir et j'ai beaucoup ri durant ces deux périodes, avant et *pendant* que les choses se mettaient en place. Semer et ne rien récolter tout de suite ne doit pas faire oublier que l'on a semé quelque chose *et* que c'était une bonne idée.

Estimer son niveau dans une langue cela se fait ponctuellement pour s'orienter, pas chaque jour et encore moins à chaque utilisation du langage ! Laissez donc la question des résultats de côté pour l'instant.

Si l'on respecte le fait que le corps a besoin de temps, on peut continuer à apprécier ce que l'on fait.

La mort du plaisir

Le dernier problème de cette recherche de performance est qu'elle augmente notre niveau de stress. Or – et c'est important – pour apprendre, on a besoin d'être *détendu*. Certaines personnes sont performantes sous la pression surtout parce que cela les amène à agir plus que d'habitude ou plus vite. C'est prendre le problème à l'envers. Si la pression vos amène à agir, tant mieux. Ca ne signifie pas que l'on agit *mieux* sous pression. A vrai dire, les études sur le sujet montrent que le stress perturbe la capacité à se concentrer. Etre détendu est indispensable pour apprendre. On en reparlera dans la partie sur le fonctionnement du cerveau.

Pour les langues, ne visez pas de parler parfaitement dès le début. Ne visez pas de connaître tous les mots de la méthode Assimil ou autre au bout de 3 mois. Vous ne voulez sûrement pas utiliser tout le vocabulaire qui s'y trouve de toute manière. A la place, choisissez de progresser *sans vous en rendre compte* en pratiquant tous les jours, plusieurs fois par jour. Choisissez d'aimer ce que vous faites et envoyez balader l'idée de parler *sans jamais* commettre d'erreur.

Une remarque en passant… Si on observe les gens qui excellent dans leur domaine, on peut voir qu'ils ont l'art de tout faire paraître simple. C'est devenu facile pour eux. Ils ont atteint un niveau de maîtrise tel que pratiquer leur activité, que ce soit un sport, un art ou un travail, se fait sans efforts. Maîtriser son sujet c'est *faire le maximum* avec *le minimum* d'effort et de stress. A rechercher la performance sans cesse, on vit dans un paradoxe puisque cela crée du stress tandis que le signe de la maîtrise d'un sujet est justement d'être bon *sans* stress.

La recherche de la performance pour un débutant est le meilleur moyen de gâcher son plaisir. Abandonner le plaisir c'est abandonner tout court peu de temps après. L'attitude constructive consiste à aimer avancer parce qu'on aime ce que l'on fait, sans quoi, on se place dans le jugement et on ne voit plus la langue comme quelque chose d'agréable. Pour continuer à apprécier ce que vous faîtes, restez tout simplement attentif à vos émotions. Si vous vous retrouvez à faire trop souvent des choses que vous n'aimez pas, il est important de le remarquer. Vous savez mieux que quiconque ce qui vous plaît. Lorsque vous observez un dérapage, arrêtez ce que vous faîtes et faites quelque chose de léger et d'agréable dans la langue, juste pour vous amuser et sans aucun objectif de résultat. Cela vous enseigne à vous exercer et vous détendre dans la langue.

La recherche de la performance pour un débutant est le meilleur moyen de gâcher son plaisir. Abandonner le plaisir c'est abandonner tout court peu de temps après

Au quotidien, appréciez de bien faire les choses, pour vous, parce que c'est beau et que cela dépend de vous. Les résultats, eux, ne dépendent pas de vous directement mais suivront naturellement si vous faites ce qui est bon. Ce livre vous montre comment faire.

1.2 Les attitudes positives.

1.2.1 Un défi

Voir l'apprentissage d'une langue comme un défi peut être très constructif. Il ne s'agit pas de vous auto-flageller ou de transformer un défi en corvée. Simplement, il s'agit de vous convaincre que vous allez parler la langue. C'est une mission que vous vous fixez personnellement, parce que cela vous tient à cœur. C'est une attitude qui vous amène à trouver en vous les ressources pour atteindre votre objectif et qui vous conduit à l'action. Cela donne de l'énergie pour apprendre ! Il y a plusieurs manières de voir le processus d'apprendre votre nouvelle langue comme un défi.

Vous pouvez vous dire que vous allez apprendre et maîtriser cette langue tout simplement parce que vous voulez avoir une corde de plus à votre arc et prendre le contrôle sur un domaine qui attire tout le monde, les langues.

Parler une langue est une bonne manière de voir ce dont on est capable et, aussi, de le montrer, en commençant par soi-même. Il y a là un parallèle entre les langues et un sport ou un instrument de musique. Les maîtriser donne confiance en soi.

Etre la personne qui parle la langue dans un groupe est aussi une très bonne approche. Non seulement vous vous rendez utile mais cela vous fait pratiquer et cela fait du bien, cela donne de la confiance en soi. Votre mission peut donc être de devenir le francophone qui parle très bien la langue. Il n'y a pas besoin d'être bilingue pour commencer à se rendre utile. A terme, devenez celui de vos amis qui parle la langue sans hésitations, qui ose y aller lorsqu'il est en vacances à l'étranger, ou bien à qui l'on demande conseil, que ce soit dans la vie privée ou au travail.

Certaines personnes se motivent face à la difficulté. Cela dépend du caractère. Personnellement, c'est quelque chose que je ne fais pas vraiment, c'est plutôt le plaisir et la nouveauté qui me motivent, mais c'est quelque chose qui m'a motivé pour le hongrois en entendant de manière répétée que c'est la langue la plus difficile en Europe. J'ai vu cette difficulté comme un défi.

Voyez donc la confiance que vous gagneriez à parler votre nouvelle langue. La fierté, bien placée, est une bonne chose, cela pousse à agir et persévérer!

1.2.2 Comme un enfant

Notez que les enfants n'ont pas le choix pour apprendre leur langue natale : soit ils apprennent la langue, soit ils ne peuvent pas communiquer ! Si ce n'est pas une raison suffisamment motivante pour apprendre ! Les adultes, eux, ont toujours le luxe de faire marche arrière, d'abandonner leur projet ou de traîner avec des expatriés.

Copiez les enfants : obligez-vous à *tout* faire dans la langue. En plus d'être efficace parce que vous pratiquerez beaucoup et parce que vous aurez BESOIN de la langue, comme un enfant a besoin de sa langue natale… Cela vous aidera à renouer avec votre âme d'enfant. Découvrir une langue, faire des erreurs, les corriger et s'en amuser sont autant de manières de replonger en enfance, avec une certaine innocence ET le plaisir de la nouveauté.

En débutant dans la langue, vous allez être très limité, et peut-être parler comme un enfant de deux ans. Si vous ne voyez pas ce qu'il y a d'amusant là-dedans !... Ne pas se prendre au sérieux et renouer avec son âme d'enfant est une excellente chose, vous avez un prétexte pour grâce à votre nouvelle langue, profitez-en !

Renouer avec son âme d'enfant, cela signifiera accepter de parler de manière limitée au début et ne pas en avoir honte, tout simplement parce qu'un rien vous amuse. Votre nouvelle langue est une éternelle découverte. Acceptez de faire des erreurs énormes de temps. Acceptez de buter sur certains mots et sons et de vous en amuser. Rappelez-vous lorsque vous n'étiez qu'un marmot et que vous appreniez de nouveaux mots voire de nouveaux sons. Rappelez-vous lorsque vous appreniez vos premiers gros mots, peut-être sous le regard choqué des adultes. Toutes ces découvertes et expériences sont à refaire dans votre nouvelle langue et vous avez un permis pour, en tant qu'apprenant !

1.2.3 La victoire du plaisir

Le plaisir est plus important que tout le reste. Si on franchit un cap où l'ennui est supérieur au plaisir, on abandonne. L'essentiel est de ne pas abandonner, donc l'essentiel pour aller jusqu'au bout est le plaisir! Cela ne signifie pas que l'on est en extase à chaque seconde de l'apprentissage mais, simplement, que la balance est positive dans l'ensemble, voire TRES positive. On est davantage prêt à fournir des efforts lorsqu'on sait qu'ils seront récompensés. Par exemple: si vous n'aimez pas lire, ne lisez pas ; vous pouvez faire d'autres choses. Si vous n'aimez pas rencontrer des gens dans les bars, rencontrez-les ailleurs. C'est important de respecter ses envies et ses goûts, ce qui ne doit évidemment pas empêcher d'oser de nouvelles choses.

Pour parvenir à cela, il est important d'aborder une nouvelle langue avec un état d'esprit ouvert. Si vous avez de mauvais souvenirs de cours de langue, il est temps de les oublier. Réalisez que cela appartient au passé. Si vous avez eu un prof d'anglais désagréable, par exemple, des situations qui mettent mal à l'aise ou des moments que vous avez « subis » d'une manière ou d'une autre en anglais, mettez tout cela à la corbeille mentalement. Une petite astuce pour se débarrasser des mauvais souvenirs consiste à les imaginer sur un mur en papier, dans votre esprit… Vous imaginez tout ce qui s'est mal passé… Vous les projetez sur le papier… Puis vous faites une boulette de tout ça… Réduisez ce bout de papier en une boule minuscule, compressez-la au maximum… et jetez-la dans une poubelle. Vous pouvez aussi faire la liste des choses qui vous ont énervé par le passé par rapport à votre nouvelle langue et faire la paix avec elles ou essayer de les voir sous un jour positif. Vous pouvez aussi tabasser votre oreiller ou votre matelas pendant 5 minutes ! Peu importe comment vous vous y prenez mais faites table rase du passé et, maintenant, partons sur des bases saines !

Il est essentiel de prendre du plaisir à apprendre votre nouvelle langue. Cela peut commencer dès les premières leçons et même dès les premiers mots ! Soyez optimiste et amusez-vous ! Rappelez-vous lorsque vous étiez enfant… à apprendre votre première langue… à poser des questions dans tous les sens. En tant qu'adulte, on a tendance à perdre en curiosité pour le monde qui nous entoure. Faire la tronche et être blasé est totalement optionnel ! Pour apprendre efficacement et avec le sourire, retrouvez votre âme d'enfant. C'est juste une langue ! Une langue nouvelle, OK, mais juste une langue ! Dès que vous connaissez une phrase vous pouvez la réutiliser à volonté.

Dès que vous connaissez une phrase vous pouvez la réutiliser à volonté

S'amuser à répéter ce que l'on apprend en prenant plaisir à utiliser des sons nouveaux est à la portée de tout le monde. Utilisez ce que vous apprenez. C'est amusant d'apprendre, ça DOIT être amusant d'apprendre ! Répéter de l'argot dans une langue étrangère est amusant. Découvrir les choses en VO est amusant. Replacer un mot que l'on vient d'apprendre est amusant.

Sur la question de la répétition, il s'agit aussi de trouver du plaisir à redire les mots appris. La mémoire n'est pas instantanée. Il y a donc des degrés de familiarité avant de connaître un mot et son utilisation. Employer les mots, s'amuser à les prononcer, s'amuser à les réapprendre parce que l'on n'a pas tout mémorisé la première fois… Il y a une forme de comique de répétition dans tout cela. Il s'agit de ne pas trop se prendre au sérieux, ce qui n'empêche pas de prendre les choses comme un défi face à un mot que notre cerveau semble refuser de mémoriser ! Il y a aussi du plaisir là-dedans, sous la forme d'une certaine fierté.

1.2.4 L'ouverture d'esprit

Il est indispensable d'avoir envie de communiquer pour réussir en langues vivantes. On peut étudier les langues tout en étant asocial, c'est sûr, mais, pour profiter et mettre en pratique la langue, on a besoin d'aller vers les autres et de les encourager à venir vers nous. Vous pouvez être curieux ou non de la culture associée à la langue que vous apprenez. Cela se fera ou non en fonction de vos goûts. Dans tous les cas, la curiosité pour ce qui se fait dans cette langue, par exemple les gens, le pays ou la littérature, sont indispensables. Vous n'avez pas besoin de tout aimer mais vous avez besoin d'être curieux. Vous avez besoin de vous créer un univers dans la langue cible et, pour cela, l'ouverture d'esprit et l'envie de faire des découvertes sont indispensables.

Vivez curieux, intéressez-vous. Pas seulement parce que vous voulez parler la langue. Aussi parce que l'on ne connaît jamais trop de choses ! Qui plus est, les langues vivantes sont une excellente manière d'élargir ses horizons, de voyager physiquement ou mentalement, et de s'enrichir en découvrant mille et une choses !

On parlera, dans la seconde partie, des moyens de mettre tout cela en œuvre, pour développer votre cercle social et vous faire des amis dans la langue cible. D'ici là, concentrez-vous sur le fait de cultiver cette attitude ouverte qui fait que l'on a envie de passer du temps en votre compagnie. Apprendre une langue est aussi un exercice sociable, c'est ce qui le rend parfois délicat mais aussi ce qui rend l'activité agréable.

Fiche-synthèse : l'attitude

Exercice 1 – Recadrez vos attitudes négatives

Première étape

Prenez de quoi écrire (papier ou ordinateur, un journal, si vous en tenez un, fait aussi très bien l'affaire) puis faites la liste de vos a priori négatifs sur les langues. Prenez 5 minutes pour noter tout ce qui vous vient en tête de négatif lorsque vous songez à la langue que vous désirez apprendre ou aux langues en général. Ne filtrez rien et écrivez tout comme cela vous vient. Vous aurez peut-être une liste de dix ou quinze éléments, voire plus.

Seconde étape

Pour chaque élément de la liste, prenez le temps de réfléchir à la manière dont vous pouvez voir les choses différemment. Notez 10 manières positives de voir les choses pour chaque élément de la liste.

Vous pouvez commencer par simplement reformuler la phrase de manière positive. Vous pouvez aussi utiliser votre imagination pour voir les choses de manière constructive, qu'il s'agisse de : utiliser des contre-exemples, tourner les choses au ridicule en raisonnant par l'absurde, prendre les choses comme un challenge, songer à ce que vous pouvez changer sur le sujet, imaginer une situation idéale, voir qu'il n'y a pas d'échec tant que l'on apprend ou voir ce que vous tirez comme leçons. Il s'agit de prendre du recul sur vos expériences passées et sur votre point de vue actuel pour avoir plus d'options. Cela revient à recadrer les choses, c'est-à-dire à porter un regard neuf et à adopter une nouvelle perspective. La liste variera selon vos expériences passées.

Prenez 10 minutes pour faire cet exercice.

Exercice 2 – Portez un regard constructif sur votre nouvelle langue

Prenez de quoi écrire (papier ou ordinateur, un journal, si vous en tenez un, fait aussi très bien l'affaire) puis faites la liste de toutes les raisons qui vous ont donné envie d'apprendre votre nouvelle langue. Ecrivez tout ce qui vous vient à l'esprit. Prenez 10 minutes pour écrire cela et parvenir à une liste d'au moins vingt raisons pour lesquelles vous voulez *parler* votre nouvelle langue. Si vous n'aviez pas autant de raisons d'apprendre en commençant, imaginez-en de nouvelles. Une seule condition : chaque raison doit aussi être quelque chose qui vous met de bonne humeur en y songeant.

Par exemple, si vous désirez apprendre la langue pour votre travail, cela peut vous faire deux raisons : apprendre la langue pour rendre votre travail plus intéressant (imaginez la motivation supplémentaire que cela vous apporte) -et- apprendre la langue pour obtenir un meilleur salaire (imaginez être plus tranquille financièrement).

Faites maintenant l'exercice.

CHAPITRE 2
LE LANGAGE

L'objectif de ce livre est de rendre votre cerveau comme une éponge face à votre langue cible. Le but est que vous puissiez *absorber* tout ce que vous apprenez dans votre nouvelle langue. Pour cela, je veux vous faire passer par des prises de conscience sur le fonctionnement du langage. Le langage est quelque chose de très personnel. On pense, on aime, on se dispute, on communique dans notre langue… ou plutôt dans NOS langues. Comprendre comment le langage fonctionne et comment mieux l'utiliser, mieux l'observer aussi, va être d'une TRES grande valeur pour apprendre.

Alors, le langage, qu'est-ce que c'est exactement ? Comment nous en servons-nous? Qu'y a-t-il avant le langage ? Vous allez trouver la réponse à toutes ces questions.

2.1 Définition

Le dictionnaire nous donne cette définition :

> « LANGAGE – Faculté que les hommes possèdent d'exprimer leur pensée et de communiquer entre eux au moyen d'un système de signes conventionnels vocaux et/ou graphiques constituant une langue. »
> Source : Centre national de ressources textuelles et lexicales (CNRTL).

Si le langage consiste à « exprimer nos pensées et communiquer », cela veut bien dire que, avant le langage, il y a nos pensées elles-mêmes ! C'est TRES important : je voudrais que vous distinguiez qu'il y a deux éléments chez l'homme : nos pensées d'un côté et notre langage de l'autre.

A mi-chemin, entre les deux, il y a le fait de *penser* sous forme de mots et de phrases… c'est-à-dire notre « dialogue interne » mais on laissera cela de côté pour l'instant.

Comme les mots « pensées » ou « idées » sont assez vagues, nous utiliserons désormais à la place le terme « représentation », qui est plus précis.

Au final, nous avons donc deux choses distinctes :

Nos représentations. C'est le fruit de notre capacité *à percevoir et à imaginer* des choses sous forme de concepts. Cela désigne nos pensées et nos idées sous forme d'images, de sons, de sensations et autres sens. C'est, si vous voulez, le film qui a lieu dans nos têtes.

Notre langage. C'est le fruit de notre capacité à *utiliser et transmettre* des sons ou du texte pour communiquer des pensées à autrui. Cela désigne tout ce qui fonctionne sous forme de mots et de phrases, oraux ou écrits.

2.2 Les représentations

Distinguer clairement nos représentations de notre langage nous permet de débuter une langue *facilement*, en faisant la part des choses entre le *sens* des mots et les *mots* eux-mêmes.

2.2.1 Se représenter le sens d'un mot

Pour illustrer ce phénomène, commençons par un exemple très simple car très concret. Si je vous dis le mot « carotte », c'est un mot simple et figuratif. Vous allez avoir en tête, certainement, l'image d'une carotte ! Si je vous dis le mot « marteau », c'est la même chose. Vous aurez sûrement l'image d'un marteau en tête. Peut-être que vous aurez aussi la prononciation du mot qui vous traîne en tête, si vous vous répétez le mot mentalement. Enfin, vous aurez sans doute une impression différente des deux mots. Le mot « carotte » évoque la nature ou la nourriture, c'est plutôt paisible comme ressenti. Le mot « marteau » évoque le bricolage et c'est un mot un peu plus violent. Il suffit de vous être déjà cogné le doigt avec un marteau pour vous en rappeler !

Les représentations sont ce qui donne du sens aux mots. Un mot qui n'évoque aucune représentation chez vous mentalement est un mot qui n'a aucun sens pour vous

Tout ceci pour vous dire que ces mots, ce langage, évoquent chez vous, mentalement, des *représentations* précises que vous êtes seul à connaître. Peut-être s'agit-il d'images, de sons ou de sensations, peut-être tout à la fois.

Ces représentations sont ce qui donne du sens aux mots. Un mot qui n'évoque aucune représentation chez vous mentalement est un mot qui n'a aucun sens pour vous. De la même manière, plus un mot, ou une expression, évoque quelque chose de précis chez vous, plus ce mot, ou cette expression, est clair pour vous.

Avec des mots très figuratifs comme « carotte » et « marteau », les représentations qui nous viennent sont assez évidentes.

Maintenant, si je pense à quelque chose de moins concret, par exemple, si je pense au passé ou au futur, je me représenterai aussi des choses mentalement. Peut-être que, en pensant au passé, j'aurai des images de mon enfance qui me reviennent à l'esprit. Peut-être que, si je pense au futur, je verrai une famille, des enfants et un labrador.

Un autre exemple : si je pense à la gauche ou à la droite, je me représente des concepts dans l'espace. En pensant à la gauche, peut-être que je sentirai quelque chose dans mon bras gauche ou que je visualiserai, mentalement, une flèche qui pointe dans cette direction.

Comme nos représentations et notre langage sont deux choses distinctes, on peut penser SANS utiliser de mots. C'est souvent ce qui arrive lorsqu'on rêve éveillé. Imaginez-vous sur une plage tropicale avec un verre tout frais dans la main, un lagon bleu et le vent qui souffle doucement pour vous rafraîchir d'une chaleur intense… Il n'y a pas vraiment de mots dans tout cela. Ce sont des représentations, dans le film de votre esprit.

2.2.2 Réalité et perceptions

Notre relation avec le monde extérieur passe nécessairement par nos sens : ils sont la limite de notre monde. Par conséquent, le monde tel qu'on le perçoit, nos différents sens et notre langage sont tous intiment liés.

Nos sens sont la limite de notre monde

En prenant conscience de notre manière de *percevoir* le monde, à travers nos différents sens, nous devenons davantage capables d'en parler, et cela quelle que soit la langue. C'est important parce que cela nous permet de faire la liste des diverses *manières* de parler du monde qui nous entoure.

2.2.3 Les sens au service du sens

On parle souvent du fait que certaines personnes sont plutôt visuelles, d'autres plutôt auditives, d'autres plutôt tactiles... La vérité à ne pas oublier est que nous sommes tous TOUTES ces choses à la fois. Un de nos sens est susceptible de dominer mais on n'utilise jamais *uniquement* un seul de nos sens. La même chose mentalement : nous sommes capables de nous représenter les choses en fonction de plusieurs sens.

Il n'existe au final qu'un nombre *limité* de sens et donc de moyens de se représenter les choses.

Nous avons les cinq sens classiques :

> **La vue ou vision**. Notre perception des formes, du relief, des mouvements et des couleurs et notre capacité à *penser sous forme d'images fixes ou animées.*
>
> **L'ouïe ou audition**. Notre perception des sons et notre capacité à *penser sous forme de sons.*
>
> **Le toucher**. Le toucher peut être passif (comme le souffle du vent sur notre peau) ou actif (comme de toucher du bois).
>
> **L'odorat**. Notre perception des odeurs et notre capacité à nous les représenter mentalement.
>
> **Le goût**. Notre perception des goûts et notre capacité à nous les représenter mentalement.

Auxquels on peut ajouter :

> La **perception de soi et du mouvement.** Où se trouve notre corps ou bien des parties de notre corps (par exemple, notre main droite par rapport au reste du corps), dans quelle position, et si nous sommes dans un environnement en déplacement (par exemple, dans un grand huit).
>
> Les perceptions de **faim** et de **soif**.
>
> La perception de la **douleur**.

La perception ou **notion du temps**.

La perception de la **température**.

On regroupe souvent le sens du toucher et la perception de soi et du mouvement sous le nom de **kinesthésie**. Cela permet de désigner notre capacité à *penser sous forme d'actions et de sensations*. Cette manière de voir les choses est très utile pour mémoriser les verbes, qui représentent le plus souvent une idée d'action ou de mouvement associé à une sensation.

Notez que l'on pourrait aussi compter parmi ces sens ou du moins à leur croisement, les **émotions**, qui sont bien une manière de se représenter, au moins intérieurement, le monde qui nous entoure. On retrouve cela dans les mots « sensibles » ou « ressentir » qui dérivent du mot « sens » mais appartiennent au domaine des émotions.

Certains de nos sens sont externes mais ils sont au final aussi tous internes grâce à la puissance de la mémoire et de l'imagination. Par exemple, la vue a beau être la perception d'éléments externes, nous pouvons aussi visualiser des choses mentalement.

Non seulement nos sens sont notre faculté de voir le monde, ils influent aussi sur notre *capacité* à mémoriser. Quelqu'un de très visuel mémorisera plus facilement un plan que quelqu'un qui ne l'est pas. Quelqu'un de très auditif mémorisera mieux des instructions orales. Quelqu'un ayant à la fois un sens de la vision et de l'audition développés aura enfin sans doute de meilleures facultés pour mémoriser les deux ! Par exemple, en étant capable de visualiser sous forme de plan les instructions orales qu'on lui donne, tout en se rappelant des paroles par la suite. La même chose est vraie pour notre capacité à imaginer.

2.2.4 Développer ses sens

Pour développer notre don en langues vivantes, on voudra donc développer tous nos sens. Tout comme un sportif complet aiguisera autant son souffle que son endurance, que son explosivité... on voudra être à l'aise avec nos différents sens pour mieux percevoir, mémoriser et se rappeler du monde qui nous entoure.

La plupart des gens sont avant tout visuels. On retrouve cela dans le langage avec le mot « imaginer », dérivé du mot « image », qui s'utilise aussi bien pour

La plupart des sens sont en fait très faciles à travailler dès lors que l'on réalise qu'on les a sous-exploités

parler d'imaginer une image qu'un son, une action, une sensation ou toute autre perception. Pour bien faire, la langue française devrait avoir des mots séparés pour dire « imaginer un son », « imaginer une sensation », « imaginer un goût » et ainsi de suite.

La bonne nouvelle est que la plupart des sens sont en fait très faciles à travailler dès lors que l'on réalise qu'on les a sous-exploités jusqu'ici. Le simple effort conscient de mieux écouter et mémoriser la voix de vos interlocuteurs, par exemple, développera rapidement votre ouïe, même si vous étiez avant tout visuel.

Enregistrez ce qu'il se passe autour de vous en prêtant attention à plusieurs sens à la fois… Cela aidera énormément votre mémoire. Par exemple, prêtez attention à l'ambiance sonore d'un lieu, à ce que vous voyez, au ton de la conversation, à la musique dans la voix de vos interlocuteurs, à la manière dont peut s'écrire un mot… En réalisant ainsi la fusion de vos sens, vous adoptez une manière riche d'observer : votre langage et votre mémoire s'en trouveront également enrichis.

De nombreux mots, objets et souvenirs réunissent plusieurs de nos sens. Si je songe à une matière, par exemple à un vêtement en velours, il est probable que je songe à la fois à son apparence et à son toucher. Je verrai peut-être à la fois les stries et l'aspect côtelé d'une pièce de velours et je songerai à la texture des stries et à la douceur du matériau au toucher.

Le texte réunit généralement plusieurs sens lui aussi. On peut se représenter mentalement comment s'écrit une phrase, tout en ayant sa prononciation en tête, tout en nous imaginant son sens, qui peut être autant visuel que sonore et/ou évoquer des sensations, et ainsi de suite. La lecture est le mariage de nos capacités de perceptions et d'imagination. En lecture rapide, à l'inverse, on améliore sa vitesse en se représentant le sens des mots le plus rapidement possible et sans s'imaginer leur prononciation.

Dans les semaines qui viennent, prenez soin de développer vos différents sens. Faites-le pour mieux observer et, aussi, pour développer votre imagination. Cela développera vos capacités d'observation et de mémorisation, tout en rendant le monde qui vous entoure plus riche et intéressant. Vous gagnerez en confiance, améliorerez votre capacité à parler de ce qui vous entoure, et cela préparera votre don pour les langues vivantes en général.

2.3 Le langage

Maintenant, prenons le langage lui-même. Nous venons de voir que nous avions de nombreuses manières de nous représenter les choses mentalement.

2.3.1 Le langage comme moyen « d'étiqueter »

Le langage, lui, est la capacité que l'on a tous à « mettre une étiquette » sur nos représentations. Cela nous permet de « mettre une étiquette » sur le monde qui nous entoure. C'est quelque chose qui s'apprend. On invente des mots au fil des siècles et on sait ce qu'ils représentent, c'est-à-dire : on sait *à quelle représentation* les mots correspondent.

Le langage est la capacité que l'on a tous à « mettre une étiquette » sur nos représentations

Si je dis le mot « iPhone », vous allez avoir en tête l'image d'un petit téléphone tactile à la mode! Si vous en avez un, cela évoquera peut-être en vous de bons souvenirs, à échanger des textos avec vos amis, ou bien une galère le jour où vous l'aviez perdu. Le mot déclenche une représentation.

La même chose pour les combinaisons de mots, c'est-à-dire les expressions. « Prendre son pied » n'aura pas le même sens que « prendre ses jambes à son cou ». L'arrangement précis des mots rappelle un sens précis, que l'on peut parfois deviner, mais qui souvent est arbitraire et s'apprend simplement en pratiquant la langue. En ce sens, on n'a jamais fini d'apprendre une langue, y compris notre langue natale, puisque de nouvelles expressions y apparaissent constamment. C'est ce qui fait des langues un domaine si riche !

On peut donc voir le langage comme le moyen de *communiquer* nos représentations. L'intérêt du langage est d'ailleurs bien, justement, de *pouvoir* les partager avec autrui ! Lorsqu'on communique, on transmet des paroles et ces paroles trouveront un écho chez autrui, qui se mettra à se les représenter mentalement sous forme d'images, de sons et autres grâce à son imagination et ses sens. C'est la magie de la transformation des représentations en langage et vice-versa.

2.3.2 Basculer entre représentations et langage

La raison pour laquelle j'insiste sur cette distinction entre nos représentations et notre langage est que je la considère l'élément LE PLUS IMPORTANT pour développer un don en langues vivantes. *Tout le reste découle de là.* Parler couramment une langue ne consiste au final qu'à basculer de manière fluide entre nos représentations mentales et les expressions pour les désigner dans la langue. Pour parler couramment, nous voulons donc clairement distinguer nos représentations des expressions utilisées pour les évoquer.

Par habitude, à force de ne parler que notre langue natale, on en vient à quasiment fusionner les mots et les idées qu'ils représentent comme si c'était la même chose. Seulement, voilà, un mot et son sens ne sont *pas* la même chose ! Les confondre serait comme de confondre l'étiquette d'un objet et l'objet lui-même.

Confondre le mot et l'idée serait comme de confondre l'étiquette d'un objet et l'objet lui-même

Si vous alliez dans une boutique, achetiez un pull et reveniez juste avec l'étiquette du produit, est-ce que vous seriez content ?! Apprendre une langue vivante, c'est être capable de coller une nouvelle étiquette, qui a du sens, à un produit. Le problème est que, bien souvent, au lieu de coller l'étiquette à un objet, on la colle à une autre étiquette : l'étiquette du mot en français ! Pour être doué en langue, la première étape sera de remonter au sens derrière les mots, c'est-à-dire de remonter à la *représentation* que l'on se fait d'un mot ou d'une expression. On n'a pas besoin du français pour parler une autre langue. On n'en *veut* pas ! On désirera juste, parfois, se servir du français pour *retrouver* une représentation.

En distinguant bien nos représentations et notre langage, nous devenons capables d'associer une *nouvelle* étiquette à l'objet qui nous intéresse plus facilement. C'est bien l'objectif en apprenant la langue : votre travail est d'associer du langage, dans la nouvelle langue, à des représentations. PAS d'associer du langage dans la nouvelle langue à du langage dans votre langue natale, ce qui est ce que la plupart des gens font et explique leur manque de succès en langues. L'art d'apprendre une langue est l'art d'associer un langage nouveau à des représentations qui elles, en général, existent déjà. On désire rattacher une *étiquette nouvelle* à une *idée existante.*

Prenons un exemple, en hongrois, « carotte » se dit « répa ».

L'art d'apprendre une langue est l'art d'associer un langage nouveau à des représentations qui, elles, existent déjà

Le jour où on apprend le mot « carotte » en hongrois, cela ne fera évidemment pas référence à une représentation nouvelle pour l'apprenant. On sait de quoi on parle. Seule « l'étiquette » est nouvelle. On désire donc, à ce moment-là, associer un mot nouveau à une représentation ancienne. C'est là qu'il y a une différence avec le fait d'apprendre un mot nouveau dans sa langue natale et dans une nouvelle langue.

Dans notre langue natale, en général, lorsqu'on apprend un mot, c'est pour désigner une idée qui est elle aussi nouvelle ou, au minimum, une variation d'une idée existante. A l'inverse, la plupart du temps et surtout au début, lorsqu'on apprend un nouveau mot dans notre nouvelle langue, il désigne une idée que l'on connaît déjà et que l'on a déjà en tête quelque part.

Il est donc important que la nouvelle langue et la langue natale *cohabitent* sans se rentrer dedans. Il s'agit de faire un tri, mentalement, entre nos représentations et les mots à notre disposition pour y faire référence. C'est un procédé en deux temps :

D'abord, bien distinguer le mot français de la représentation qu'on s'en fait. Le mot est un son et, éventuellement, une écriture. La représentation est une idée, un concept, une image. Bien distinguer les deux. Cette mécanique permet d'avoir les idées claires. C'est à pratiquer au quotidien.

Ensuite, en voyant qu'un mot nouveau dans la nouvelle langue correspond à une représentation que l'on connait déjà, faire l'effort de rattacher ce mot à la représentation déjà existante qu'on en a. C'est-à-dire, se concentrer sur le fait de désigner une représentation existante par un nouveau son – puisque c'est tout ce qu'est un mot à la base : un son. C'est un effort à fournir le jour où l'on découvre le mot, puis chaque fois qu'on le rencontre, jusqu'à ce qu'un lien fort existe entre le son et le sens. C'est la force des associations d'idées.

On aura donc, au final, pour une personne bilingue, deux « étiquettes » par mot.

Par exemple, le jour où je veux utiliser le mot « carotte » en hongrois, je veux avoir pris suffisamment de recul et distinguer les mots des idées suffisamment bien pour que le français ne vienne PAS me perturber quand je parle hongrois. Je veux que, en voyant l'image d'une carotte en tête, par exemple, le mot en hongrois me vienne automatiquement juste après, tout simplement parce que la conversation que je suis en train d'avoir est en hongrois.

Etre capable de séparer nos représentations et notre langage nous permet de choisir plus facilement dans quelle langue on parle lorsqu'on s'exprime, sans être perturbé par notre langue natale. Cela a beaucoup d'autres applications que l'on couvrira au fur et à mesure.

Etre capable de choisir dans quelle langue on parle est le premier pas pour s'exercer facilement : cela permet de parler ou réfléchir dans la langue dès le début. C'est notre but avoué ! Le but est que vous vous déconnectiez du français lorsque vous pensez dans votre nouvelle langue.

Etre capable de choisir dans quelle langue on parle est le premier pas pour s'exercer facilement : cela permet de parler ou réfléchir dans la langue dès le début

Dans les semaines qui viennent, observez-vous !... Observez comment, d'un côté, vous vous représentez les choses mentalement sous forme de sensations, de visuels, de sons… Et, de l'autre côté, observez comment vous utilisez du langage mentalement ou avec autrui : votre dialogue interne, le souvenir de conversations, la préparation d'un message, les conversations en elles-mêmes. En faisant cela, vous développerez votre conscience de la manière dont vos représentations et votre langage interagissent, ce qui vous donnera *davantage de contrôle* sur la manière dont vous utilisez le langage et, bien sûr, sur la manière dont vous utilisez votre nouvelle langue.

J'aimerais donc aussi, évidemment, que vous commenciez à penser dans votre nouvelle langue ! Comment ? Tout simplement en prenant les mots que vous connaissez, assurez-vous qu'ils vous évoquent l'image ou la représentation appropriée, jusqu'à ce qu'un lien fort existe entre votre « nouvelle étiquette », dans la langue, et sa représentations correspondante. Faites cela en mettant le français de côté et amusez-vous à basculer entre les mots et expressions dans la nouvelle langue et votre représentation de leur sens, et vice-versa.

Faire tout cela va vous aider à avoir le « déclic » pour les langues. C'est-à-dire : cela va vous aider à penser dans votre nouvelle langue sans traduire et à basculer d'une langue à l'autre sur demande.

Attendez-vous à devoir combattre vos habitudes lorsque vous vous exercez! C'est normal, ce n'est même que TRES normal ! Surtout si la langue que vous apprenez actuellement est une deuxième langue. Vous aurez un petit peu besoin de lutter au début pour laisser le français de côté mais ce n'est qu'une étape à franchir. Habituez-vous aussi à être à l'aise avec le fait d'être *limité* dans la quantité de mots que vous pouvez utiliser dans votre nouvelle langue. C'est normal, vous débutez ! Quand vous commencez à penser dans une nouvelle langue, vous aurez forcément moins de flexibilité qu'avec le français… Ce n'est pas grave, c'est même naturel. Voyez cela comme la source de vos progrès, comme une graine même. Penser avec un ensemble limité de mots dans votre nouvelle langue va vous aider à penser dans la langue tout court et cela vous aidera par la suite à l'étoffer. Il est plus facile d'enrichir une langue dans laquelle on pense déjà, même si on y pense sur peu de sujets au début.

Il est plus facile d'enrichir une langue dans laquelle on pense déjà, même si on y pense sur peu de sujets au début.

2.4 La communication

2.4.1 Le but du langage

On vient de voir qu'existe le monde intime de nos représentations et le monde davantage extérieur du langage en lui-même. Alors, ce que j'aimerais que l'on voit ici, c'est, le but du langage.

Quel est le but du langage ?

Le but du langage est de transmettre des idées. Ce but est donc double et varie selon que l'on reçoive ou que l'on produise le langage, il s'agit de : comprendre et/ou s'exprimer. On peut réunir ces deux aspects sous un même terme : la communication. La différence entre comprendre et s'exprimer est juste une question de direction. Lorsqu'on cherche à comprendre, on cherche à reproduire, mentalement, les idées que notre interlocuteur a en tête – on part de ses représentations à lui. C'est-à-dire que notre interlocuteur a certaines idées et que – en l'absence de télépathie ! – il cherche à nous les envoyer, *grâce* au langage. Dans la direction opposée, lorsque l'on cherche à s'exprimer, on cherche à transmettre nos idées de notre tête vers l'esprit de notre interlocuteur.

Les mots que l'on utilise, le langage, PROVOQUENT des représentations dans l'esprit de la personne qui nous écoute. Dans l'autre direction, le langage auquel nous sommes exposés, par exemple les paroles que nous écoutons, est transformé en représentations dans notre esprit.

C'est quelque chose de fantastique, quand même, lorsqu'on y réfléchit ! Non seulement, déjà, d'être là à pouvoir penser mais d'être capable de transmettre ces idées à autrui pour qu'il se représente la même chose que nous (ou presque), mentalement !

Prenons une définition de la communication :

> COMMUNICATION — un échange d'idées, transmises de manière fiable.

« De manière fiable », cela signifie que, lorsqu'on s'échange des idées, peu importe le moyen (ça peut être par la parole ou par écrit), on espère qu'autrui aura dans sa tête des représentations très proches des nôtres. C'est en ça qu'il peut toujours y avoir un problème de communication : on n'est jamais certain de la manière dont autrui va comprendre nos idées ou de la manière dont on va comprendre les siennes.

Globalement, ceci dit, il n'y a pas besoin de réfléchir. On fait tout cela principalement de manière inconsciente : si on parle avec quelqu'un, qu'il ne fronce pas les sourcils, puis que ce qu'il répond « colle » avec ce que l'on a dit auparavant, on va considérer qu'il a compris et que la communication a réussi.

La communication, c'est donc ce procédé, qui consiste à transformer des représentations en langage, à transmettre ce langage par la parole, puis à décoder le langage en représentations de nouveau.

2.4.2 La valeur de la communication

« La seule valeur d'une communication est la réponse que l'on obtient. » Bandler & Grinder – Inventeurs de la PNL, une méthode de communication et de psychologie[1].

Cette citation reconnaît que le but de la communication est de provoquer une réponse chez autrui. Cela peut être de provoquer une réponse purement mentale – par exemple, « Tu te souviens quand on était en vacances l'été dernier ? » – ou bien une réponse sous formes d'actions – « Passe-moi le beurre ! ».

Maintenant, à quoi est-ce que tout cela nous sert, pour les langues vivantes, de savoir tout cela ? Savoir quel est notre but lorsque nous communiquons dans une langue vivante est indispensable ! Si on ne sait pas ce que l'on attend de la communication, on ne saura pas si on l'obtient et ce sera donc très difficile d'être satisfait !

Si le but du langage est de communiquer… et que le but de la communication est d'obtenir une réponse… Alors, le but du langage, au final, est lui aussi d'obtenir une réponse !

Cela signifie que, comme on apprend une nouvelle langue, un bon repère pour analyser sa compréhension sera la réaction que l'on obtient d'autrui ou bien notre propre réaction. Si autrui nous raconte quelque chose et que l'on ne parvient pas à se le représenter mentalement, c'est que la communication est en train d'échouer et qu'il serait bon d'essayer autre chose.

Enfin, ça montre aussi que le langage est un MOYEN, pas une fin en soi ! Il sert, par défaut, à produire des réactions chez vous ou autrui. Il faut voir ici le mot réaction au sens large. A la base, le but est de transmettre vos idées à autrui… Si ces idées n'apparaissent pas dans la tête de votre interlocuteur, c'est que la réaction espérée n'est pas là, la communication a échoué.

De la même manière, lorsque vous lisez un texte, le but est de produire quelque chose dans votre imagination. Lorsque vous discutez avec un ami, le but est de produire certaines émotions chez l'un et chez l'autre. Lorsque vous appelez quelqu'un pour le travail, il y a une réaction encore plus concrète que vous désirez de sa part, par exemple une information, un document, une

---

[1] Bibliographie : **FROGS INTO PRINCES**.

Utiliser le langage en oubliant la réaction que l'on recherche serait stérile

action de sa part. Donc... En apprenant une nouvelle langue, gardons en tête que le but derrière son utilisation est d'obtenir une réaction. Qu'il s'agisse de faire comprendre notre point de vue à autrui, de faire rire, de séduire, de créer de la complicité ou de donner des instructions, il y a toujours un *but* dans la communication en cours. Utiliser le langage en oubliant la réaction que l'on recherche serait stérile.

2.4.3 Le modèle Intentions, Langage, Transmission

Alors on vient de voir que le langage est LE moyen pour coder nos idées et les transmettre à autrui, pour qu'il se représente mentalement la même chose que nous. Maintenant, comment est-ce que s'opère cette magie ?! On a donc d'un côté quelqu'un qui pense à quelque chose, qui a des idées, et veut en parler... et il arrive à transférer ces idées chez une autre personne... En l'absence de télépathie, comment est-ce que ça fonctionne ??

Comprendre ce mécanisme va avoir beaucoup de valeur pour apprendre les langues parce que cela nous aidera à analyser où la communication échoue (lorsqu'elle échoue) et donc sur quoi travailler.

Le modèle le plus clair en la matière est à mon avis le modèle « Intentions, Langage, Transmission ».

Première étape, l'intention. Je parle parce que je désire produire une réaction chez autrui. Par exemple, je veux attirer son attention en lui disant bonjour.

Deuxième étape, le langage. Je transforme mon intention en paroles qui ont du sens. Si je parle plusieurs langues et que je suis en voyage, je ferai sans doute attention, entre mon intention et mes paroles, à CHOISIR la langue dans laquelle je veux m'exprimer.

Troisième étape, la transmission de ces paroles à autrui. Concrètement, à l'oral, c'est le moment où on parle et où on *prononce* nos paroles. L'environnement peut avoir sa part à jouer. Par exemple, si c'est bruyant, j'aurai peut-être à faire des efforts en parlant plus fort ou bien mon interlocuteur aura des efforts à faire en essayant de deviner ce que je dis. Si on ne parle pas la langue au même niveau, peut-être que l'un des deux devra faire un effort pour réinterpréter le langage de l'autre.

On parle de modèle « Intentions, Langage, Transmission » mais ce n'est évidemment qu'une partie du modèle. Une fois que la personne qui parle a transmis ses idées sous forme de paroles, la personne qui l'écoute doit faire le travail en sens inverse : décoder le langage pour le transformer en idées et, ainsi, comprendre les intentions de la personne qui parle.

Sous forme de schéma, cela nous donne :

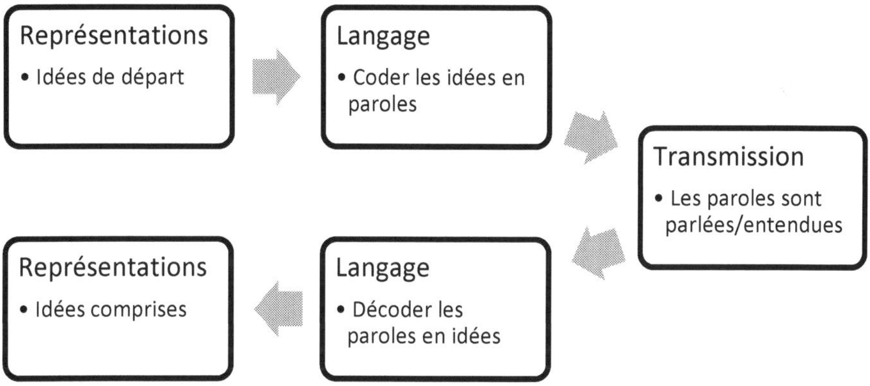

D'autres noms pour ce modèle sont la théorie de la pertinence, le modèle du code ou la métaphore du conduit.

Cette manière de voir les choses est intéressante pour l'apprentissage des langues vivantes, notamment parce que le modèle est simple et colle beaucoup à la réalité des apprenants. Est-ce que mon intention est claire en prenant la parole ? Par exemple, est-ce que je sais ce que je veux ? Puis… Est-ce que le langage utilisé est adapté ? Par exemple, est-ce que ma phrase est correcte ? Est-ce que j'ai utilisé la bonne personne ? Est-ce que j'ai utilisé le bon mot ? Enfin… Est-ce que je transmets mon message clairement ? Par exemple, est-ce que ma prononciation est bonne ? Est-ce que mon intonation est bonne ? Est-ce que je dois gérer le bruit environnant ?

Gardez donc cette version simplifiée du modèle en tête. Pas besoin de mémoriser un schéma, gardez juste en tête l'ordre « Intentions, Langage, Transmission ».

Fiche-synthèse : le langage

Exercice 1 – Développez vos sens

Dans les semaines qui viennent et en débutant aujourd'hui même, affinez votre capacité à observer et imaginer en utilisant tous vos sens, surtout ceux que vous estimez les plus faibles. Cette semaine, utilisez la liste suivante pour vous rafraîchir la mémoire chaque matin par rapport aux différents sens à votre disposition. Vous pouvez aussi combiner cette liste à vos cours de langue pour apprendre à parler de vos perceptions dans la nouvelle langue.

- ☐ La vue : formes, relief, mouvements, couleurs ; images fixes et animées.
- ☐ L'ouïe : sons parlés, sons de la nature, notes de musique, distinguer les graves et les aigues, distinguer le timbre.
- ☐ Le toucher : toucher passif, toucher actif.
- ☐ L'odorat : odeurs légères, odeurs intenses, odeurs agréables, odeurs désagréables.
- ☐ Le goût : goûts sucrés, goûts amers.
- ☐ La perception de soi et du mouvement : où se trouve notre corps dans l'espace, sentir les mouvements.
- ☐ La faim et la soif.
- ☐ La douleur.
- ☐ La notion du temps : estimer le temps écoulé, estimer quelle heure il est.
- ☐ La température : si vous avez chaud ou froid, s'il fait chaud ou froid dans un endroit.

Soignez particulièrement votre capacité à entendre et écouter, afin d'améliorer votre oreille pour les langues, mais travaillez aussi tous les autres sens pour vous aider à améliorer votre mémoire dans les jours, semaines et mois à venir.

Révisez cette liste tous les matins pendant 7 jours puis une fois par semaine pendant 1 mois.

Exercice 2 – Observez-vous

Dans les semaines qui viennent et en commençant dès maintenant, observez le fait que vous pouvez penser sous forme de représentations et/ou sous forme de langage. Observez comment vous pouvez passer de l'un à l'autre. Observez comment entendre ou lire quelque chose dans votre langue natale crée des images et des impressions dans votre tête. Observez comment, lorsque vous parlez votre langue, vous transformez vos idées (images, impressions, émotions, sons, etc.) en langage. Apprenez à bien distinguer les deux.

Dans votre nouvelle langue, faites en sorte que ce que vous apprenez vous évoque des images (et sons, sensations, etc.) claires en tête.

Pendant les jours et semaines à venir, observez et distinguez la différence entre vos représentations et votre langage.

CHAPITRE 3
L'ETUDE DES LANGUES

Comment décomposer une langue en sous-parties plus faciles à gérer?

Il y a classiquement trois manières d'étudier une langue vivante : la phonétique, le vocabulaire et la grammaire. Etudier uniquement l'un des trois sujets est d'une efficacité limitée car il s'agit de sujets différents qui couvrent chacun une partie spécifique de la langue. Aucun ne se suffit à lui-même. Etudier ces sujets tous les trois, en revanche, forme un bon cocktail puisqu'il s'agit de sujets complémentaires :

La grammaire, c'est comme le plan de la maison. Il y a un moment où ça ne sert plus à rien d'étudier les plans, il faut juste construire la maison!

Le vocabulaire, ce sont les matériaux. Pas de matériaux, pas de maison !

La phonétique, ce sont les ouvriers qui rendent la construction possible. Sans quelqu'un pour bâtir la maison, vous pouvez accumuler les plans et les matériaux, vous n'aurez toujours pas où dormir.

La limite de la comparaison, c'est qu'on peut – heureusement ! – réarranger nos pensées de manière plus souple qu'une maison.

Il est aussi plus facile de travailler ces trois sujets ensemble plutôt que de travailler uniquement l'un des trois. C'est aussi plus amusant et intéressant, et cela apporte de bien meilleurs résultats !

Je vous donne un exemple...

Si vous avez du mal à mémoriser des phrases dans votre nouvelle langue, c'est que celles-ci constituent encore de « gros blocs » difficiles à digérer. Si vous n'êtes pas sûr de la prononciation de la phrase, du sens de chacun de ses mots ou du sens de l'ensemble à cause de la syntaxe… Alors vous aurez une image floue de la phrase à beaucoup de niveaux, ce qui la rend difficile à comprendre et donc impossible à mémoriser.

Comment remédier à cela? Il s'agit de « zoomer » sur chacun des éléments pour le clarifier. Si un mot est difficile à prononcer pour vous, décomposez-le en sons simples, qui seront plus faciles à retenir. Si une phrase est compliquée, décomposez-la en segments, ils seront digestes. Si vous avez un doute sur le sens d'un mot, clarifiez-le.

Parlons de ces trois moyens d'étudier les langues plus en détails.

3.1 Phonétique

D'abord, la phonétique.

La phonétique, c'est tout simple, c'est l'art d'utiliser certains sons de manière précise pour exprimer certains sens. C'est donc aussi l'art de bien entendre puis de bien prononcer ces sons. En travaillant la phonétique, on peut très rapidement améliorer son écoute et sa diction. D'autant plus que, en France, c'est un des éléments les plus négligés dans l'enseignement des langues. Par exemple, si vous améliorez votre compréhension de 4 ou 5 sons difficiles pour vous actuellement, vous allez rapidement mieux comprendre et prononcer la plupart des mots. Vous pouvez vraiment doubler votre vitesse de compréhension en travaillant cela !

Notez aussi que savoir bien écrire, c'est aussi savoir bien faire sonner les mots. Sans connaissance de la prononciation, c'est tout bonnement impossible.

La phonétique est surtout acquise de manière instinctive dans la petite enfance, avant donc d'aller à l'école. C'est un bon signe ! Cela montre que, hors problèmes d'élocution, les enfants n'ont PAS besoin d'étudier la phonétique à l'école pour parler leur langue natale. Cela est encourageant pour l'adulte parce que cela sous-entend qu'apprendre la phonétique est un processus plus rapide que les deux autres.

Paradoxalement, un problème important dans l'apprentissage des langues en France est la mauvaise qualité de la prononciation des apprenants, justement parce que la phonétique y est négligée. On peut comprendre que la phonétique d'une langue natale ne soit pas étudiée à l'école, parce qu'elle a déjà été acquise avant d'y entrer. En revanche, il est dommage qu'elle soit négligée pour une langue étrangère. Cela signifie qu'avec même peu d'efforts, ciblés, en phonétique, un apprenant peut rapidement corriger sa prononciation et être facilement compris des natifs.

3.2 Vocabulaire

L'autre manière d'étudier la langue, c'est par le vocabulaire. Le vocabulaire, c'est la chair de la langue. C'est ce qui permet de parler d'une manière riche, imagée, variée, intéressante… et surtout précise. C'est ce qui permet d'employer le mot juste.

Le vocabulaire, c'est trois choses. Tout d'abord, c'est connaître un mot ou une expression précise : savoir qu'il existe et qu'on peut l'utiliser pour faire référence à une représentation, à une idée, particulière. Ensuite c'est, tout simplement, savoir *prononcer* ce mot ou cette expression. Et, enfin, c'est savoir l'utiliser correctement, avec la *bonne forme*, pour produire une phrase dans un langage correct. En somme, connaître un mot ou une expression de vocabulaire, c'est : connaître son sens puis savoir le *connecter* à la phonétique et à la grammaire.

3.3 Grammaire

Une langue est d'abord orale. Elle est avant tout écoutée et parlée. Le problème, avec la grammaire, est que c'est souvent ce que l'on étudie le plus à l'école dans une langue… A tel point et dans de telles proportions que l'on se met à croire que c'est plus important que tout le reste dans la langue. Notamment, on pense à tort que si on ne connait pas chacune des règles de grammaire et tous les termes techniques qui vont avec, on ne pourra pas parler la langue. Ce qui est bien sûr totalement faux… De plus, trop étudier la grammaire amène à étudier majoritairement du texte et à négliger l'oral.

Soyons clairs, la grammaire est une très bonne chose pour progresser dans une langue. Simplement, le système scolaire a surfait son importance, au détriment de choses *indispensables* telles que la phonétique et la communication en général. Il est important de remettre la grammaire à sa place pour équilibrer notre manière d'étudier notre nouvelle langue.

La grammaire est là pour vous AIDER avec votre nouvelle langue. Vous aider à comprendre. Vous aider à comprendre vos fautes. Voyez cela comme un commentaire qui vous explique comment fonctionne la langue. C'est comme de visiter un musée avec quelqu'un qui le connait bien – ce n'est pas indispensable pour profiter de sa visite et apprécier les œuvres mais c'est bien utile pour avoir réponse à nos questions. Si, actuellement, la grammaire vous bloque ou vous dégoûte, arrêtez d'en faire et faites autre chose avec votre nouvelle langue, ce ne sont pas les options qui manquent. Les enfants parlent déjà leur langue natale couramment avant d'en étudier la grammaire. Vous reviendrez à la grammaire si vous en éprouvez la curiosité et parce que cela vous permettra d'apprendre plus vite.

Les enfants parlent déjà leur langue natale couramment avant d'en étudier la grammaire

3.3.1 Comme une option

Rien n'oblige à étudier la grammaire dès le début. Réalisez bien que la langue existait avant la grammaire. L'approche classique, c'est de présenter la grammaire comme si on ne pouvait pas s'en priver. La langue existait avant la grammaire tout simplement parce que les langues apparaissent de manière naturelle et organique. Des mots apparaissent, des manières de les arranger apparaissent, des prononciations apparaissent… et, par l'usage, la langue se fige, elle devient stable et prévisible. Tout cela avant l'apparition même de l'écriture ! Ensuite seulement viennent les grammairiens, avec l'objectif noble de comprendre comment la langue fonctionne en l'analysant. Cela permet de déduire certains motifs sur son fonctionnement… auxquels il faut évidemment ajouter les nombreuses exceptions. De siècle en siècle, on se retrouve ainsi avec énormément d'observations et de théories sur le fonctionnement des langues et cela vient enrichir le vocabulaire de la grammaire pour donner des noms aux éléments dont on parle. Mais tous ces mots de grammaire sont d'une invention récente ! Comme tout domaine de recherche, le domaine s'étend et enrichit sans cesse son vocabulaire. L'erreur, c'est de croire qu'une science descriptive, comme la grammaire, est à la source du langage alors que c'est tout l'inverse. La seule raison pour laquelle on a donné autant d'importance à la grammaire dans l'étude des langues, c'est qu'il y a quelques siècles encore les principaux échanges entre pays se faisaient par courrier – et effectivement, la grammaire, pour vérifier si l'on n'a pas de fautes à l'écrit, c'est idéal. Pour parler, observez la langue elle-même. Un autre élément qui contribue à cela est que l'on passe des années à étudier la grammaire de notre langue natale tout en oubliant que l'on étudie cela DANS notre langue natale et donc seulement *après* avoir maîtrisé le langage parlé.

Notez aussi qu'il y a souvent une confusion entre le fait de parler correctement et l'étude de la grammaire. On utilise souvent le mot grammaire comme synonyme de savoir parler correctement. Par exemple lorsqu'on dit « je connais la grammaire ». C'est évidemment important de respecter la grammaire au sens de prendre soin de parler correctement – parce que cela nous rend plus facile à comprendre, parce que cela évite de passer pour un analphabète – mais l'étude de la grammaire n'est pas toujours aussi importante que nous le font croire nos années d'école. L'essentiel des livres de grammaire n'intéresseront que les grammairiens eux-mêmes, pas les personnes qui désirent parler une langue. A vrai dire, les mots sont mal choisis et il faudrait faire la distinction entre, d'une part, le fait de parler correctement et, d'autre part, le fait d'analyser le fonctionnement d'une langue. Il y a au final deux types de grammaire : celle qui vous servira à comprendre et mieux utiliser votre nouvelle langue et l'autre, celle qui n'intéressera que les linguistes et les professeurs de grammaire mais ne sera qu'un fardeau pour l'apprenant. Vous devrait donc faire attention à distinguer ce qui vous sert et ce qui ne vous sert pa, en apprenant la grammaire de votre nouvelle langue.

3.3.2 Pour observer

Revenons-en à l'utilité de la grammaire pour nous autres qui voulons parler, *bien* parler, des langues, et pas uniquement théoriser.

La grammaire sert surtout à OBSERVER. La grammaire ne sert pas à s'exprimer.

L'étude de la grammaire est un processus trop lent pour être spontané. On ne peut pas réfléchir à la grammaire et parler spontanément. Quand vous voulez parler, quelle que soit la langue, vous n'allez JAMAIS vous dire, "ah oui, alors je place le COD ici et l'adverbe entre ce nom et l'article!". Ce n'est pas ainsi que le cerveau fonctionne ! Ce n'est pas comme cela qu'on parle ou que l'on pense dans une langue. Il vous suffit de comparer avec votre langue natale.

Réfléchir à la grammaire, cela vous permettra peut-être de mieux comprendre vos fautes ou de mieux faire la différence entre deux mots proches mais d'utilisation différente. Par exemple, si vous vous rappelez à quoi sert un adverbe et qu'ils finissent en général par "-ly" en anglais, eh bien quand vous verrez le mot "readily" vous aurez moins de chance de le confondre avec son cousin, le mot "ready" (qui est un adjectif).

Quand vous voudrez parler, ce qui vous servira à être précis et rapide, c'est l'habitude et non pas la grammaire. Par exemple, toujours en anglais, l'expression "readily available" ou l'expression "ready to rumble!". Lorsque vous connaissez ces expressions, elles vous viennent en bloc, en fonction de ce que vous avez l'intention de dire. Il y a une connexion directe entre l'idée que vous voulez exprimer et l'expression appropriée. C'est juste un mécanisme d'associations d'idées, qui est en fait très naturel. Il n'y a pas de réflexion sur la grammaire au moment de parler.

3.3.3 Les règles de grammaire

Parlons aussi de la définition du mot « règle ». En langues, on entend toujours parler de règles de grammaire. Quand on pense à ce mot, on pense à une sorte de loi, d'obligation, qu'il ne faut absolument pas violer. La vérité est que le mot règle vient du latin et a la même origine que le mot « régulier ». C'est-à-dire que, une règle, au sens propre, est simplement quelque chose de régulier, une sorte de motif, quelque chose de prévisible dans la langue. Par exemple, si je vous dis que les mots prennent un « s » au pluriel en français, il y a énormément d'exceptions mais c'est vrai que c'est un *motif* que l'on peut observer! Ce qu'il faut garder en tête c'est que c'est juste une observation, pas une loi absolue à respecter à la lettre. C'est bien pour cela que la plupart des « règles » de grammaire admettent *beaucoup* d'exceptions.

Une règle, au sens propre, est simplement quelque chose de régulier, une sorte de motif, quelque chose de prévisible dans la langue

Donc, désormais… Lorsque vous entendez parler de « règles de grammaire », je voudrais que vous pensiez au fait que ces règles vous servent à prévoir la langue. En connaissant certaines règles, pas par cœur, pas avec quinze mille mots techniques, mais simplement en sachant que ces règles existent et en les observant dans ce que vous entendez, par l'exemple, cela deviendra beaucoup plus facile pour vous de prévoir comment fonctionne la langue et donc de la parler correctement.

La grammaire, en somme, c'est surtout ça : l'art de construire des phrases correctes. Il n'y a pas besoin d'être grammairien pour bien parler une langue. A vrai dire, il n'y a même pas besoin de connaître plus d'une petite dizaine de termes de grammaire pour bien comprendre et utiliser la langue. C'est sûr, certains mots de grammaire sont utiles à connaître pour parler de ce que l'on étudie. La plupart sont quand même de trop puisqu'ils servent juste à tatillonner. C'est intéressant pour un sportif de connaître son corps, ça ne veut pas dire qu'il doit connaître chaque détail de l'anatomie humaine pour être performant… et encore moins qu'il devrait y penser pendant une épreuve sportive, ce serait la meilleure manière d'échouer! La même chose en grammaire. C'est une bonne chose de réviser certains termes selon les besoins et c'est encore mieux en gardant ceux-ci au strict minimum, pour aller à l'essentiel et avancer efficacement.

3.4 Actes de langage

La grammaire a une influence énorme sur l'apprentissage des langues pour des raisons historiques. On peut blâmer cet excès de grammaire sur l'usage littéraire des langues par le passé (pour écrire plutôt que parler), hérité par le système scolaire actuel.

On peut voir la grammaire comme l'énumération des règles en usage dans une langue. Cela aide à mieux comprendre la langue. Jusqu'ici, tout va bien. La grammaire nous permet d'analyser ce que l'on ne comprend pas et apporte une valeur ajoutée à l'apprenant.

Pour nous exprimer, nous avons besoin de liberté et les règles sont tout le contraire. Il faut oser faire des fautes et violer des règles de grammaire pour se lancer, sinon on ne se lance jamais

Là où les choses dérapent, c'est lorsqu'on essaye d'utiliser cette même grammaire, dont l'unité est la *règle de grammaire*, pour apprendre à parler la langue. Pour nous exprimer, nous avons besoin de liberté et les règles sont tout le contraire. Il faut oser faire des fautes et violer des règles de grammaire pour se lancer, sinon on ne se lance jamais.

Pour trouver nos mots, nous ne partons pas d'une règle mais d'une intention

Une approche trop centrée sur la grammaire devient vite dogmatique et crée la peur de parler présente chez beaucoup de personnes qui ont des bases, même solides. Enfin, et c'est surtout cela le pire : réfléchir sous forme de règles n'est pas la voie naturelle pour trouver ses mots dans une langue.

Pour trouver nos mots, nous ne partons pas d'une règle mais d'une intention. C'est là qu'apparaît le concept intéressant des actes de langage.

Un acte de langage, c'est la transformation d'une intention en paroles. En parvenant à bien identifier nos intentions, puis en identifiant bien le vocabulaire qui accompagne chaque intention et la manière dont les mots s'agencent, nous pouvons rapidement trouver nos mots. C'est une manière de penser plus souple que les règles de grammaire et plus vivante aussi!

Raisonner en termes d'actes de langage, cela est à mon avis plus constructif que la grammaire traditionnelle. Raisonner en termes de grammaire, c'est se demander quelles règles il faut respecter, on part de quelque chose d'artificiel, à la recherche de quelque chose de naturel, et on a le couperet sous la gorge, « faut que je respecte la règle… sinon c'est pas bien » ce qui ajoute une pression inutile et ne donne pas envie de parler. Raisonner en termes d'actes de langage, c'est partir de quelque chose de naturel, nos intentions, *pour* le transformer en quelque chose de naturel aussi, le langage, en essayant de se rappeler quelle forme cela prend, tout en gardant en tête qu'il y a souvent plusieurs formes possibles.

Mieux vaut utiliser la grammaire pour comprendre et les actes de langage pour s'exprimer

Dans le fond, on peut considérer grammaire et actes de langage comme deux facettes d'une même pièce. Le but reste le même : savoir comment on arrange les mots dans une phrase correcte. Simplement : mieux vaut utiliser la grammaire pour comprendre et les actes de langage pour s'exprimer. Cela respecte davantage la nature humaine et la manière dont on parle notre langue, qu'elle soit natale ou étrangère.

Envisager d'analyser une langue à travers les actes de langage, plutôt que la grammaire, c'est-à-dire, partir de ses *intentions* plutôt que de soi-disant règles est un très bon moyen de remettre les choses au propre. Un enfant ne parlerait jamais si on le réprimandait dès ses premiers mots pour les fautes de grammaire qu'il commet ! Cela serait d'ailleurs stupide de disputer un enfant parce qu'il n'a pas pris en compte l'une des nombreuses

Un enfant ne parlerait jamais si on le réprimandait dès ses premiers mots pour les fautes de grammaire qu'il commet !

exceptions présentes dans sa langue natale… Alors pourquoi le faire avec un adulte qui commence à parler dans une nouvelle langue ?

Qui plus est, dans l'ordre d'acquisition du langage par les enfants : les enfants apprennent naturellement, d'abord, à généraliser, ce qui entraîne beaucoup de fautes… Puis, seulement plus tard, ils apprennent à utiliser les exceptions. C'est la voie naturelle et c'est donc la voie à suivre, même pour un adulte. Apprendre les exceptions AVANT la forme générale n'aurait aucun sens. Ca ne signifie pas qu'il faut commettre des fautes exprès mais, simplement, qu'il faut se permettre d'en faire le temps d'assimiler les grandes lignes du fonctionnement de la grammaire.

3.5 Réfléchir en parallèle

Petit rappel sur le linéaire et le parallèle. Un phénomène linéaire, c'est quelque chose que l'on peut faire dans l'ordre, une chose après l'autre. Un phénomène parallèle, c'est quelque chose qui se produit sur plusieurs fronts à la fois. Par exemple, faire un gâteau est un processus linéaire : on fait les choses l'une après l'autre… Prendre un saladier, ouvrir le sachet de farine, la verser, ajouter un œuf, etc. Conduire une voiture, à l'inverse, est un phénomène parallèle. On observe la route tout en gardant un pied au-dessus du frein tout en dirigeant le volant, tout en songeant à contrôler le rétroviseur, tout en songeant à notre trajet, etc., tout en même temps.

La vérité est que les langues sont un processus parallèle, pas linéaire. Parler une langue nous la fait attaquer de tous les côtés

La vérité est que les langues sont un processus parallèle, pas linéaire. Parler une langue nous la fait attaquer de tous les côtés.

C'est pour cela que les gens ont tant de difficulté avec les langues parfois. C'est un domaine, un « jeu », qui suit sa propre logique. Tout comme on est souvent bon à un nouveau sport lorsqu'on en connait bien un, ou tout comme il est plus facile de se mettre à un nouvel instrument lorsqu'on en maîtrise déjà un, on est souvent bon en langues lorsqu'on en maîtrise déjà une… La question est évidemment comment rentrer dans cette « gymnastique » des langues et c'est à cela que ce livre vise de répondre.

Parler une nouvelle langue est vraiment un domaine à part entière et il est difficile de trouver des équivalents. Les domaines qui s'en rapprochent le plus sont à mon avis apprendre à jouer d'un instrument et certains sports.

Est-ce qu'on apprendrait à conduire dans un livre? Non, on peut y apprendre des astuces mais c'est tout. Qu'est-ce qui est le plus efficace : apprendre à jouer au golf en lisant des instructions l'une après l'autre, ou bien regarder quelqu'un faire et essayer? Et apprendre à danser? Comment concilier le besoin de travailler tout à la fois sur ses muscles, ses mouvements, le rythme, l'écoute, l'observation de la partenaire. Chacune de ces activités suit sa propre logique et est un processus parallèle. Il en est de même pour les langues vivantes.

Au moment de parler, il y a beaucoup de choses à faire en simultané. Construire une phrase correcte tout en utilisant le bon mot, tout en prévoyant le mot suivant, tout en prononçant de manière intelligible, tout en observant la réaction de notre interlocuteur, etc....

Le défi c'est que, si vous avez besoin de tout faire en même temps au moment de parler, au moment d'étudier, en revanche, vous ne pouvez vous atteler qu'à un élément précis à la fois. Utiliser une langue vivante est un processus parallèle mais l'étudier est un processus linéaire. Tout faire en même temps lorsque vous étudiez vous amènerait à être débordé. Alors, pour apprendre efficacement, il faut savoir décomposer le langage en éléments plus simples et abordables. Il s'agit de voir quelles sont les actions à réaliser lorsqu'on parle et comment les automatiser, pour être ensuite capable de les faire toutes en simultané. C'est un travail assez studieux et posé, qui consiste à voir ce que vous pouvez faire pour vous améliorer sur tel ou tel point de langue.

Ces moments d'étude, il sera important de les alterner avec des moments de pratique où, justement, vous vous exercerez à tout faire en même temps : la grammaire sans y réfléchir, la prononciation de manière instinctive, les mots qui vous viennent à l'esprit... C'est ce qui rend les langues parfois euphorisantes parce que, quand vous travaillez de manière parallèle plutôt que linéaire, vous n'avez plus l'impression de travailler justement et c'est là que vous mettez vraiment en place vos réflexes linguistiques. Nous reparlerons de ce principe d'alterner étude (linéaire) et pratique (parallèle) dans la partie sur le travail externe.

On a donc vu qu'il y avait trois manières d'aborder l'étude des langues : la phonétique, le vocabulaire et enfin la grammaire, que l'on peut aussi aborder sous l'angle des actes de langage. Ce sont des domaines différents que l'on peut étudier les uns après les autres et, donc, de manière linéaire.

Gardez cela en tête lorsque vous étudiez votre nouvelle langue : si vous avez l'impression que vous avez trop à faire en une fois, essayez de décomposer ce que vous faites. Il s'agit en fin de compte de rendre la langue abordable et c'est exactement ce qu'étudier le trio phonétique-vocabulaire-grammaire vous permet. Ensuite, une fois la langue décomposée en éléments digestes, réassemblez les pièces du puzzle pour tout faire en même temps et être performant dans votre manière de parler.

Fiche-synthèse : l'étude des langues

Récapitulatif – L'étude des langues

Entretenez l'équilibre dans votre étude des langues. Respectez la liste suivante :

- ☐ Utilisez la phonétique pour connaître précisément la **musique** et la **liste exacte des sons** dans votre langue cible.
- ☐ Utilisez la grammaire pour **analyser** la langue et mieux **comprendre.**
- ☐ Utilisez les actes de langage pour partir de vos **intentions** et **vous exprimer.**
- ☐ **Séparez phonétique, vocabulaire, grammaire et actes de langage pour étudier** à tête reposée. Séparez pour étudier.
- ☐ **Réunissez phonétique, vocabulaire, grammaire et actes de langage pour communiquer** de manière fluide. Réunissez pour communiquer.

Dès maintenant, voyez quelle manière d'étudier la langue ci-dessus vous avez la plus délaissée puis renseignez-vous immédiatement sur le sujet. Sur les semaines à venir, prévoyez d'aborder votre nouvelle langue sous ces divers angles pour bien la comprendre.

CHAPITRE 4
OBSERVATIONS SUR LE LANGAGE

Ce que j'aimerais ici, c'est partager avec vous certaines remarques sur le langage en général. Ces remarques devraient vous aider à mieux observer les langues vivantes et donc à mieux comprendre leur fonctionnement, quelle que soit la langue. Cela vous aidera aussi à accepter et rentrer dans la logique des langues vivantes. Le langage est…

4.1 Arbitraire

Gardez en tête ceci : le langage est totalement arbitraire, c'est une convention. On accepte que les sons (les mots), combinés d'une certaine manière, ont un sens particulier. Chaque mot que vous utilisez aurait pu être remplacé par un autre pour dire la même chose. Par l'usage, à force de répéter les mêmes expressions, pendant des centaines d'années ou même juste pendant quelques années (pour l'argot), ce mot devient normal dans le langage. De la même manière, chaque langue utilise un nombre limité de sons. Chacun de ces sons est lui aussi arbitraire et la langue aurait pu se retrouver à utiliser d'autres sons à la place.

Pourquoi est-ce important ? C'est important parce que cela veut bien dire que parler une langue particulière n'a rien de magique. Tout enfant, quelles que soient ses origines, peut apprendre et parler à la perfection une autre langue, cela dépend d'où il grandit, pas de ses gènes.

Cela signifie aussi qu'il y a une différence entre ce qui est en théorie compréhensible et ce qui se dit dans la pratique. Lorsqu'on apprend une langue, on peut rapidement être capable de dire des choses qui sont compréhensibles sans qu'elles soient pour autant correctes. Par exemple, si je dis « Moi vouloir manger » ou même juste « J'ai de la faim » c'est compréhensible sans être correct. C'est évidemment une BONNE chose de savoir dire de telles choses dans une nouvelle langue et c'est à encourager car c'est déjà un beau progrès par rapport au fait de ne rien savoir dire du tout ! Qui plus est, c'est super pratique : on peut déjà communiquer !

Ceci étant dit, pour parler sans provoquer de fous rires, on a besoin de prêter attention aux formes correctes en écoutant mieux la langue. Cela permet de se créer des « munitions » de phrases correctes et de les réutiliser. Je vous donne un exemple. Si on dit « Je suis âgé de 20 ans » au lieu de « J'ai 20 ans ». Les deux sont compréhensibles par un francophone mais le premier sonne bizarrement alors que le second sonne « vrai ».

Dans l'absolu, le langage correct n'existe pas vraiment... il est subjectif et évolue avec les époques, voire avec les milieux. Le langage correct en un sens est simplement ce qui s'entend et s'utilise sans faire sursauter. Par conséquent, lorsque quelque chose vous semble illogique dans la langue, tant que vous comprenez son sens, acceptez-le. Que les choses ne se disent pas avec les mêmes images d'une langue à l'autre est aussi ce qui les rend intéressantes à étudier. Acceptez que le langage est une convention et que ces conventions varient d'une langue à l'autre.

4.2 Prévisible

Comme les langues sont avant tout des conventions, l'avantage, c'est qu'elles sont prévisibles !

C'est une bonne chose pour nous car notre cerveau est une sorte de machine à prévoir. Lorsqu'on entend « To be or not to be... », on s'attend automatiquement à la suite – « ...that is the question! ». Si je vous dis « Les chaussettes... », il y a des chances pour que vous pensiez à la phrase« Les chaussettes de l'archiduchesse sont-elles sèches ? » ou bien vous penserez peut-être « Elles sont sous le lit ! » (simplement parce que, lorsqu'on cherche des chaussettes, c'est souvent là qu'elles se sont réfugiées!). En entendant des phrases, le cerveau se prépare automatiquement à la suite, généralement avec plusieurs possibilités.

On peut voir cela comme des enchaînements. Les idées, dans une langue, sont liées, enchaînées, les unes aux autres. Si quelqu'un débute une phrase, on peut souvent deviner ce qu'il va dire. En observant votre nouvelle langue, vous deviendrez aussi capable de la prévoir.

Il y a parfois une différence entre ce qui est attendu et ce qui est produit. C'est souvent le cas avec les conjugaisons par exemple, qui admettent, dans de nombreuses langues, beaucoup d'exceptions.

Les exceptions sont souvent dans les expressions courantes. Par exemple, en anglais : « I go » devient « I have been » lorsque l'on change l'aspect du verbe. Comme ces expressions sont courantes, on ne va évidemment pas arrêter de les rencontrer, ce qui signifie qu'un problème, même petit, avec l'une d'entre elles, est susceptible de nous pourrir la vie ! D'où l'utilité de connaître rapidement les exceptions les plus courantes, pour être rapidement opérationnel. Le côté positif est que, même si les exceptions rajoutent toujours une couche de complexité, le fait qu'elles soient courantes les rend faciles à adopter. Si on comprend une fois une exception puis qu'on y est exposé à de nombreuses reprises, l'assimiler se fera rapidement et naturellement.

Les langues sont prévisibles donc jouez à les prévoir, comme un jeu télévisé, un proverbe ou des paroles de chanson

Les langues sont prévisibles donc jouez à les prévoir, comme un jeu télévisé, un proverbe ou des paroles de chanson.

4.3 Bref

Les langues vivantes aiment faire court. Pourquoi utiliser un mot de quatre syllabes lorsqu'on pourrait n'en utiliser que deux ? C'est souvent ce qui crée l'apparition des exceptions dans une langue. Les exceptions ont généralement l'avantage d'être courtes.

De la même manière, beaucoup de langues ne sont pas très articulées, ce qui crée un décalage entre leur écriture et leur prononciation. C'est le cas du français et de l'anglais. On ne prend pas un « petit déjeuner » aussi souvent qu'un « p'tit déjeuner » ! On ne demande pas aussi souvent « Tu es où ? » que « T'es où ?! ». Ainsi de suite.

L'argot pousse souvent cela au maximum.

Toutes ces exceptions ou modifications du langage « correct » font que l'on gagne du temps. Gardez cela en tête lorsqu'une phrase apparemment courte et simple devient incompréhensible. Observez aussi comment les locuteurs raccourcissent la langue d'un registre à l'autre. On aura en effet moins tendance à mâcher ses mots dans un contexte professionnel que dans un contexte amical.

Ce qui est parfois frustrant en langues c'est « pourquoi on dit les choses de cette manière ». La volonté de faire court est souvent la réponse à cette question.

4.4 Contextuel

La grande majorité des mots n'ont *aucun* sens privés de leur contexte.

Ouvrez un dictionnaire au hasard et vous verrez que la plupart des mots acceptent plusieurs sens. Parfois ces sens sont proches mais cela ne signifie pas qu'ils sont identiques.

Un mot pris seul ne signifie rien car il ne signifie rien de suffisamment précis. Il a besoin des mots qui l'entourent pour revêtir du sens. Si on prend le mot « bois » tout seul, de quoi s'agit-il ? De la matière ? De l'action de boire ? D'un endroit où il y a des arbres ? En anglais, si on prend le mot « book », de quoi s'agit-il ? D'un nom, un « livre » ? D'un verbe, « réserver quelque chose » ? Si on prend un mot qui a un sens moins ambigu et très figuratif, par exemple, le mot « chien ». On voit à quel objet cela correspond mais cela n'a pas de sens précis non plus. Quel chien ? Quelle importance a-t-il ? Pourquoi en parle-t-on ?

Un numéro de téléphone n'a d'utilité que s'il est complet

Tout comme un coup de pinceau n'a de valeur que au sein d'un tableau qui en contient d'autres, ou qu'un numéro de téléphone n'a d'utilité que s'il est complet, un mot n'a de sens qu'utilisé en conjonction avec d'autres, pour former un ensemble cohérent. Le sens est donné par la phrase et par le contexte de la communication. C'est-à-dire que le sens vient non seulement de la phrase elle-même mais de la situation dans laquelle on l'utilise. L'ensemble d'un texte ou d'une conversation précise souvent le sens d'un mot ou d'une phrase. Demander si le feu est éteint n'aura pas le même sens si on pose la question à un cuisinier, à un pompier ou à un automobiliste !

Privé de contexte, le mot est privé de sens et donc de toute utilité

Qui plus est, non seulement un mot pris seul a un sens trop flou pour être bien compris ou utile à quoi que ce soit, mais un mot pris seul, puisqu'il a un sens flou, sera difficile voire impossible à mémoriser. C'est une des raisons pour lesquelles les listes de vocabulaire, dans leurs formes les plus simples, ne servent à rien. Privé de contexte, le mot est privé de sens et donc de toute utilité.

Le format naturel sous lequel le cerveau accepte l'information et la mémorise, c'est l'histoire

Il est donc essentiel, dès qu'on apprend un mot, de l'ancrer, de l'associer, à un contexte précis, une histoire. Le format naturel sous lequel le cerveau accepte l'information et la mémorise, c'est l'histoire. C'est ainsi que le cerveau forme les associations d'idées indispensables à une bonne mémorisation. Si je vous cite le nom d'une célébrité, ce sont les histoires liées à cette personne qui vous viennent à l'esprit. S'il n'y a pas d'histoire, il n'y a généralement pas de souvenir. Nous reparlerons de tout cela dans le détail dans la partie sur le fonctionnement du cerveau et de la mémoire. D'ici là, retenez simplement que les histoires, parce qu'elles créent des associations d'idées, sont le format idéal pour mémoriser une information quelle qu'elle soit.

Ainsi, lorsqu'on parle une nouvelle langue ou que l'on essaye de la comprendre, il sera toujours utile de tenir compte du contexte. C'est lui qui fait que certaines phrases seront pertinentes ou non, en plus d'éviter des malentendus.

C'est un mécanisme qu'ont bien compris les dictionnaires puisque vous y trouverez toujours des abréviations pour vous indiquer le domaine dans lequel s'utilise telle ou telle expression. Ces indications vous diront si l'expression que vous êtes en train de consulter s'applique au domaine du cinéma, du travail ou de la science. L'idéal restant évidemment d'avoir un ou des exemples pour l'utilisation du mot qui nous intéresse.

Prenons un exemple. En anglais, le mot « frame » peut signifier au moins 3 choses : le cadre utilisé pour accrocher une photo au mur (par exemple, « picture frame ») -ou bien- une image extraite d'un film (par exemple, « video frame ») -ou bien- un point de vue personnel (par exemple, « frame of mind »). Un cadre, un extrait de pellicule ou un point de vue. Ce sont trois objets et sens différents. Dans le dictionnaire, on a dans ce cas-là des indications pour nous préciser le domaine où s'emploie l'expression.

Comprendre le contexte permet de savoir quel sens est utilisé et donc de se représenter clairement en tête ce que notre interlocuteur veut dire. Privé du contexte on erre juste dans le doute et l'interrogation.

Notez que, bien souvent, un mot a un sens de base duquel dérivent des sens spécialisés. Lorsque vous apprenez un mot dans un contexte spécialisé, ce sera souvent intéressant de voir si ce mot a aussi un sens plus basique et plus général, comme dans l'exemple du mot « frame » où, quel que soit le contexte, il y a toujours l'idée d'encadrer quelque chose ou celle d'une forme rectangulaire qui délimite une zone.

Le contexte nous indique le sens précis sous lequel interpréter les mots que nous rencontrons. Le mot-clef ici, c'est la précision. Plus le sens d'un mot sera précis dans notre esprit, plus il sera facile de le mémoriser et de le réutiliser. Prendre soin de bien observer dans quel contexte il est utilisé permet exactement cela.

4.5 Contrasté

Le contraste, c'est simplement le fait de faire ressortir un élément par rapport aux autres. C'est un phénomène qui existe visuellement – par exemple, du blanc sur un fond noir – mais qui existe aussi de manière auditive – par exemple, un son grave accompagné d'un son aigu. En musique, deux notes graves peuvent être difficiles à distinguer l'une de l'autre mais une note grave et une aigüe seront très faciles à séparer mentalement.

Ce que je voudrais que vous observiez, c'est qu'il existe le même phénomène en langues vivantes. Le but d'une langue, c'est qu'elle soit facile à comprendre et cela passe par le fait qu'il soit facile d'y distinguer les mots les uns des autres. Je vous donne des exemples au niveau de la phonétique, avec les paires minimales. En français, les mots « boire » et « voir » se ressemblent au niveau de la prononciation mais les consonnes « b » et « v » sont suffisamment différentes l'une de l'autre pour qu'on les distingue. C'est-à-dire que le son « b » contraste par rapport au son « v ». Dans une autre langue que le français, les sons « b » et « v » seraient peut-être interchangeables, il n'y aurait pas de contraste entre ces deux sons. Si on prend le japonais par exemple, il n'y a pas de son « r ». Ca veut dire que le mot « sakula » (cerisier) sera compris de la même manière qu'il soit prononcé « sakula » ou « sakura ». Il n'y a pas de contraste entre le « r » et le « l » en japonais.

Repérez les contrastes qui existent dans une langue, cela vous permettra de savoir où porter votre attention

Alors, pourquoi cela nous intéresse-t-il ? Parce que repérer les contrastes qui existent dans une langue, que ce soit pour la prononciation ou pour d'autres points, va nous permettre de savoir où porter notre attention. Cela aide à observer, cela aide à mémoriser. Cela aide à savoir sur quoi soigner sa prononciation, surtout dans les débuts. Cela aide aussi et surtout à noter les différences et à être plus précis dans notre utilisation de la nouvelle langue.

Observer le contraste cela signifiera remarquer en quoi un élément s'oppose à un autre. Les détails varieront d'une langue à une autre mais les principes resteront les mêmes. Par exemple, les sons qui viennent du fond de la bouche s'opposent à ceux qui sont produits vers l'avant de la bouche, les sons courts s'opposent aux sons longs, les mots importants d'une phrase seront accentués et pas les autres, et ainsi de suite. C'est l'art de distinguer ce qui doit être distingué. C'est un fonctionnement très général mais toujours présent dans la langue. Prenons un autre exemple.

En conjugaison, si de nombreuses langues, y compris le français, ont des terminaisons différentes d'une personne ou d'un temps à l'autre, c'est justement pour qu'il soit facile de les distinguer lorsqu'on les entend. Ces différences créent de la complexité (ce serait plus simple s'il n'y avait pas de conjugaisons !) mais elles créent aussi un bon moyen de distinguer les choses les unes des autres, pour éviter de les confondre. L'avantage du contraste, c'est qu'il évite de confondre ce qui ne doit pas être confondu ! Les verbes les plus courants sont les plus irréguliers *justement* parce que, comme on les utilise souvent, on veut pouvoir les distinguer *très* facilement, encore plus facilement que les autres. Par exemple, pour quelqu'un qui étudie le français, « je suis » et « tu es » et « sois ! » (à l'impératif) sont des formes qui ne se ressemblent pas beaucoup précisément parce que, comme ce verbe est le plus courant en français, on ne veut pas perdre de temps à confondre les différentes formes du verbe « être » entre elles. Les exceptions sont une forme de contraste.

Au passage, c'est aussi pour cela que les mots les plus courants sont aussi les plus courts. On ne veut pas perdre de temps à réutiliser sans cesse un mot ultra-long. En un sens, il y a aussi un contraste sur la longueur des mots. Plus un mot est court, plus il est courant *et* important. Les mots de vocabulaire, surtout le vocabulaire spécialisé, sont souvent, à l'inverse, des mots à rallonge. Ca ne veut pas dire que les mots de vocabulaire ne sont pas importants. Simplement, ça signifie que les mots charnières dans la phrase seront souvent courts et les mots qui parlent d'objets seront souvent longs.

Cette notion de contraste, que ce soit les paires minimales en phonétique, les exceptions en grammaire ou la longueur des mots pour les types de vocabulaire, est présente partout dans la langue. Observez ce phénomène, cela vous facilitera la vie en vous permettant de bien distinguer des éléments qui pourraient sembler proches au premier regard. Une chose à savoir est que la mémoire range l'information par similarité mais la retrouve par différence. Cela signifie que, en ayant l'œil pour ces éléments qui contrastent dans une langue, vous serez capable de remarquer le détail qui fait la différence et vous vous rappellerez des choses plus efficacement.

Cette notion de contraste, que ce soit les paires minimales en phonétique, les exceptions en grammaire ou la longueur des mots pour les types de vocabulaire, est présente partout dans la langue

4.6 Négociable

Pour communiquer avec autrui, on a besoin de s'accorder avec lui. On vérifie que l'on a compris en l'observant, en laissant des pauses. On vérifie que l'on est bien d'accord sur le sens des mots utilisés. C'est comme une partie de ping-pong. On peut d'ailleurs voir la communication comme cela, comme une partie de ping-pong permanente dont l'objectif est de s'accorder sur le sens du langage utilisé. Dans l'ensemble, cela se fait naturellement.

Lorsqu'on débute dans une langue, en revanche, il sera utile de faire attention à la manière dont on se met d'accord sur le sens. Ce sera davantage important que dans notre langue natale. Par exemple, même si on est pressé de dire une phrase entière de peur d'oublier des mots, il sera utile de faire attention à la réaction d'autrui pour savoir s'il nous suit ou non. Ca peut paraître évident et, pourtant, cela s'oublie lorsqu'on parle dans une nouvelle langue. Rien ne sert de dire une phrase en entier si on perd notre interlocuteur au milieu de la phrase ! Il s'agit donc de surveiller qu'autrui nous comprend et d'être prêt à clarifier ce que l'on dit ou, à l'inverse, d'être prêt à demander des clarifications. Cette négociation du sens est indispensable pour communiquer efficacement. Ca n'empêche pas de parler rapidement, il s'agit uniquement de s'assurer que notre interlocuteur nous comprend.

Vous pourrez utiliser des phrases spécialement dans ce but, telles que « Tu comprends ? », « C'est clair pour toi ? » et autres variantes ou bien vérifier avec autrui que vous parlez de la même chose. Il sera aussi très utile de connaître des phrases de base pour parler du langage lui-même. On en reparlera dans la seconde partie. Tous ces éléments permettront de négocier le sens, au sens de confirmer que l'on a compris ou pour, lorsque ce n'est pas le cas, avoir des éclaircissements faciles à comprendre.

CHAPITRE 5
LE DEVELOPPEMENT DU LANGAGE

Il me semble important de parler du développement du langage chez l'enfant parce que cela nous permet de voir d'où nous partons tous et par quoi nous sommes passés.

Ensuite, c'est aussi un sujet d'intérêt parce qu'il y a énormément d'idées limitantes sur ce qui est possible ou non, passé certains âges, en langues. L'âge est un gros sujet de controverse en matière de langues vivantes et d'apprentissage en général. Beaucoup de conclusions négatives sur le sujet sont en fait des interprétations et non pas des conclusions scientifiques. Je pense notamment à l'idée selon laquelle le cerveau « se fige » avec l'âge, qui est une théorie qui ignore purement et simplement le fait qu'il existe des polyglottes de tous âges. Je ne perdrai pas trop de temps sur ces observations mais je vous donnerai quelques pistes sur comment et dans quelles conditions le cerveau se fige et quoi faire pour empêcher cela et le réveiller.

Un autre élément qui nous sera utile sera d'observer quels comportements, employés par les enfants pour apprendre, nous seront très utiles à l'âge adulte.

Nous couvrons ici rapidement le développement du langage avec trois parties : une sur l'apparition du langage au sein de l'espèce, une sur le développement du langage chez l'enfant et une sur le développement et le « redéveloppement » du langage chez l'adulte.

5.1 Evolution du langage

Il y a évidemment beaucoup de théories sur l'apparition du langage chez les êtres humains. Grossièrement, on peut considérer que, de génération en génération, sur des dizaines de milliers d'années d'évolution, le langage est apparu puis s'est développé chez les êtres humains, pour constituer au final une capacité puissante et parfaitement naturelle. Le cerveau humain actuel est conçu pour, naturellement et sans trop d'efforts, apprendre une langue vivante.

Du point de vue de l'évolution, on peut expliquer cette capacité chez les êtres humains comme un atout qui a permis à ceux qui le possédaient d'augmenter leurs chances de survie et de reproduction. Imaginez des hommes préhistoriques capables de communiquer entre eux pour chasser du gibier ou échapper à un prédateur... Imaginez une capacité chez nos ancêtres à construire des liens solides entre eux et à transmettre leurs connaissances, d'abord au sein du groupe, puis de génération en génération... Les êtres humains qui disposaient de tels gènes étaient plus adaptés à survivre au sein d'un groupe. De la même manière, cela les disposait aussi à créer des liens forts avec d'autres membres du groupe et, ainsi, augmentait aussi leurs chances de reproduction.

En somme, la recherche en paléontologie considère que des millions d'années d'évolution ont fait du langage parlé une capacité humaine innée. Ce n'est pas forcément le cas du langage écrit, apparu plus récemment.

Ce que j'aimerais que vous gardiez de tout cela c'est qu'apprendre une langue est une capacité non seulement typiquement humaine mais aussi parfaitement naturelle. Tout le monde apprend une langue maternelle. La question qui nous intéressera sera évidemment : comment utiliser ces mécanismes naturels aussi à l'âge adulte pour apprendre des langues supplémentaires ?

5.2 Chez l'enfant

5.2.1 Les 4 stades du langage

D'abord, prenons une vue d'ensemble. Le langage se développe chez l'enfant en passant par quatre stades, dans l'ordre : écouter, parler, lire, écrire. Chaque stade remplit une fonction particulière à laquelle l'enfant doit s'habituer.

Ecouter : s'habituer à la musique et à la prononciation de la langue maternelle.

Parler : réutiliser cette capacité d'écoute pour produire du langage à son tour.

Lire : s'habituer à un système pour associer des symboles à du son et donc faire le lien entre un support matériel et notre langage parlé.

Ecrire : réutiliser ce système de code pour produire du langage à notre tour, sur un support.

Ce qu'il faut bien garder en tête ici c'est que le passage par chacun de ces quatre stades est indispensable et qu'il est plus naturel de les aborder DANS CET ORDRE, aussi bien pour les enfants que pour les adultes. Pour bien apprendre, respectez la nature humaine. D'abord l'oral, ensuite seulement l'écrit. D'abord écouter, puis parler… Ensuite seulement, lire, puis écrire.

Le respect de ces étapes permet d'assurer son succès. Evidemment, encore faut-il que ces étapes soient réalisées de manière motivée et active.

Il sera très difficile de parler une nouvelle langue pour quelqu'un qui ne veut pas ou ne sait pas écouter. Si vous n'êtes pas capable d'écouter, par exemple parce que vous êtes distrait ou préoccupé ou bien tourné vers vous-même, il sera difficile voire impossible d'apprendre. Si vous n'écoutez que RAREMENT la langue que vous étudiez, cela vous créera de nombreuses difficultés aussi.

Les études montrent que le développement du langage chez un enfant, par exemple, est directement lié à la quantité de conversation dans son environnement familial. C'est-à-dire – et de manière peu surprenante – en pratiquant plus régulièrement, les enfants développent plus fortement leur capacité à parler.

Un exemple de chose à ne pas faire : inverser l'ordre de l'oral et de l'écrit, par exemple en étudiant le texte sans avoir des bases solides à l'oral. Cela provoque de mauvaises habitudes et des pertes de temps. Cela amène à ne pas savoir comment transformer le texte en son de manière naturelle. Cela peut à la rigueur se comprendre pour une langue morte comme le latin, même si c'est à mon avis dommage puisque rien n'empêche de prononcer une langue morte, mais cela devient totalement ridicule pour une langue vivante. Il y aura toujours du temps pour le texte, surtout lorsque vous connaissez la langue à l'oral.

Enfin, on peut remarquer qu'écouter et parler sont deux phénomènes parfaitement naturels. Cela est inscrit dans nos gènes et nos cerveaux sont conçus pour. Lire et écrire, en revanche, est une autre paire de manches. L'écriture est apparue au maximum il y a quelques milliers d'années ce qui, sur l'échelle de l'évolution, n'est rien. Nous sommes tous capables de lire et écrire mais cela nous a pris des années à apprendre et perfectionner pendant l'enfance. On peut en tirer deux leçons… D'abord, qu'il est naturel que le texte soit plus difficile à appréhender que l'oral. Ensuite, on peut aussi en tirer une observation qui rend assez optimiste : si nous sommes tous capables d'apprendre quelque chose d'aussi artificiel que lire et écrire… Nous pouvons certainement aussi, avec plus de facilités, apprendre une nouvelle langue SANS le texte, en utilisant notre capacité à écouter et parler. C'est un point à travailler dans l'enseignement des langues en général et qui va devenir de plus en plus facile avec le développement de l'audio et de la vidéo.

Notons que, en tant qu'adultes, on peut profiter de la lecture plus rapidement qu'un enfant. On peut même passer l'ensemble de ces quatre stades écouter-parler-lire-écrire rapidement. Dans de bonnes conditions, un adulte peut apprendre à parler couramment une nouvelle langue en quelques mois seulement. Il faut comparer cela aux sept années, environ, nécessaires à un enfant pour parler couramment sa langue natale !

Tout ceci étant dit… Le fait qu'un adulte puisse profiter de l'écrit plus rapidement qu'un enfant ne doit pas faire oublier qu'il y a un ordre dans l'acquisition du langage. Attaquer une nouvelle langue par le texte plutôt que l'oral serait dommage. Gardez donc toujours cela en tête lorsque vous attaquez une langue : la priorité ce sont les fondements de la langue, et les fondements sont l'oral, pas l'écrit ! L'oral était là des dizaines de milliers d'années avant l'invention de l'écriture.

5.2.2 Développement type

Le développement typique du langage chez l'enfant est le suivant. Sans mémoriser chaque chiffre, j'aimerais que vous gardiez ces informations en tête puisque vous passerez vous-même par chacune de ces étapes en apprenant votre nouvelle langue.

A la naissance

Les nourrissons réagissent à la musique de la langue : son rythme, ses intonations.

A partir de 6 mois

Les nourrissons commencent à babiller. Lorsqu'ils babillent, ils produisent aussi des sons qu'ils n'ont jamais entendus jusqu'ici.

Entre 6 et 10 mois

Les nourrissons sont tous capables de distinguer 150 phonèmes, toutes langues confondues. Par exemple, les nourrissons japonais sont capables de distinguer les consonnes « l » et « r », alors même que le « l » et le « r » constituent le même son en japonais. De la même manière, à cet âge, un nourrisson français est capable de distinguer la différence entre les sons « s », « z » et « th » (c'est-à-dire entre le 's', le 'z' et le 'th' anglais). Ou bien, la différence entre les deux sons « o » anglais : ɔ comme dans « ball » et ʌ comme dans « love ».

Entre 10 et 12 mois

Il y a élimination de certains sons pour se concentrer sur ceux présents dans la langue à laquelle est exposé l'enfant. C'est-à-dire que les sons auxquels il est fréquemment exposé sont conservés, ils sont toujours facilement reconnus par l'enfant, tandis que les autres, ceux qui ne sont pas présents dans la langue maternelle, seront éliminés et ne seront plus reconnus par l'enfant.

A partir de 12 mois

L'enfant est capable de distinguer la limite entre les mots, même s'il n'en connait pas pour autant le sens.

A 15 mois

L'enfant reconnait environ 10 mots.

A partir de 18 mois

L'enfant commence à attacher *du sens* aux sons qu'il entend. Il commence à comprendre.

Entre 18 et 36 mois

L'enfant communique de manière « télégraphique ». C'est-à-dire qu'il construit des phrases sans grammaire, en collant 2-3 mots ensemble. Le peu de mots qu'il connait et les phrases mal construites lui permettent néanmoins de communiquer. Et cela fonctionne ! Lorsqu'un enfant dit « encore pain ! » ou « me want toy ! » on comprend ce qu'il veut.

A 20 mois

L'enfant reconnait environ 50 mots.

A 24 mois

L'enfant reconnait la différence entre les noms et les verbes. Il reconnait plus de 200 mots.

A 36 mois

90% des phrases de l'enfant sont correctes au niveau de la grammaire. En revanche, l'enfant généralise à outrance. Par exemple, en français, l'enfant dira « des chevals » (sic) parce qu'il est habitué à ce que le pluriel se prononce de la même manière que le singulier. En anglais, ce sont les verbes irréguliers qui sont le plus susceptibles d'être ignorés. L'enfant dira par exemple « I catched a mouse! » (sic) au lieu de « I caught a mouse » parce qu'il a compris que pour le passé on ajoutait généralement « -ed » et qu'il ne tient pas encore compte des exceptions.

Par la suite, l'enfant apprendra à arrêter de généraliser à outrance et sera capable de respecter les exceptions.

A ce stade (36 mois), le vocabulaire de l'enfant oscille entre 500 et 1 000 mots, selon son cadre familial. Cela signifie qu'en un an, certains enfants auront appris 300 mots et d'autres 800. La différence résulte de l'environnement familial. A cet âge, les enfants qui connaissent le plus de mots parlent, en moyenne, trois fois plus avec leur famille que les enfants qui en connaissent le moins.

A 5 ans

L'enfant connait de 2500 à 5000 mots selon son environnement.

Par la suite

Les enfants apprennent environ 3000 mots par an ou 8 mots par jour.

On estime que, en sortant du lycée, les élèves ont un vocabulaire d'environ 12 000 mots.

Alors, de manière assez peu surprenante, on voit que les enfants apprennent leur langue natale progressivement, en commençant par le fait de s'habituer aux sons. Qui plus est, le babillage entraîne l'enfant non seulement à développer les muscles de sa langue mais aussi à émettre des sons.

Ce qu'il y a de plus intéressant, à mon avis, dans tout cela, c'est le fait que TOUT nourrisson est capable de distinguer CHACUN des 150 sons qui existent, au final, TOUTES langues sur Terre confondues. Cela signifie que nous ne sommes PAS prédisposés à apprendre une langue plutôt qu'une autre. La question évidemment est : passé 10 mois, lorsque l'enfant commence à optimiser et à éliminer, ne plus reconnaître, les sons étrangers à sa langue maternelle… Que se passe-t-il exactement ? D'où cette autre question : comment distinguer de nouveau les sons des autres langues ?

Il est utile de voir que l'enfant progresse par stades au niveau de son expression. Il passe d'abord par des phrases « télégraphiques », sans grammaire, qui lui permettent néanmoins d'acquérir du vocabulaire ET de communiquer. Puis, par un stade de généralisation où il commet des erreurs, certes, mais où il sait déjà comment fonctionne sa langue natale dans les grandes lignes et sait l'utiliser.

Apprendre intelligemment, ce n'est pas parler parfaitement dès le départ mais assimiler progressivement

Ensuite seulement viennent les exceptions : pluriels irréguliers, verbes irréguliers, etc. C'est intéressant de voir que c'est un phénomène progressif parce qu'il y a sûrement beaucoup à en retirer, même à l'âge adulte, sur la manière d'apprendre les langues en douceur et de manière intelligente. On en reparlera. D'ici là, retenez cette leçon du développement du langage chez l'enfant : apprendre intelligemment, ce n'est pas parler parfaitement dès le départ mais assimiler progressivement.

5.3 Chez l'adulte

La principale différence de situation chez l'adulte, c'est qu'il connait déjà le monde qui l'entoure et – malheureusement ! – ne s'émerveille pas aussi facilement qu'un enfant ! Le travail de l'adulte, lorsqu'il apprend une langue, consiste avant tout à *nommer* ce qui l'entoure, pas vraiment à le découvrir. Il s'agit de mettre une nouvelle étiquette, dans la nouvelle langue, sur les objets, les actions, les représentations qui constituent son monde… Il s'agit d'apprendre ces « étiquettes » puis de les utiliser dans le cadre d'une phrase correcte, avec une prononciation compréhensible.

Voyons les comportements issus de l'enfance que l'on peut adopter ou adapter à notre vie d'adulte.

5.3.1 « Apprendre comme un enfant »

Beaucoup de méthodes de langue promettent d'apprendre sans efforts, comme un enfant. En général, c'est un argument commercial qui prétend que cela sera simple et naturel mais cela ne rend pas justice au fait qu'un enfant ne parle couramment sa langue maternelle qu'à partir de 6-7 ans environ... Personne ne veut attendre 6 ans pour parler une nouvelle langue !

Mettons l'argument commercial de côté et imaginons apprendre une nouvelle langue, REELLEMENT comme un enfant, littéralement. Voyez cela comme une simulation ou un jeu de rôle. Le but n'est pas d'être réaliste, ici, mais de vous faire imaginer, ou vous rappeler, à quoi cela ressemblait d'apprendre étant enfant…

Alors imaginez cet environnement… Vous êtes un adulte mais on vous place dans un environnement similaire à celui de votre enfance et qui parle *uniquement* votre nouvelle langue. Imaginez autant de temps libre, autant de gens qui vous entourent et peut-être autant de contraintes aussi. Tout cela dans une langue que vous ne comprenez pas encore… et où votre langue maternelle ne sert plus à rien !

Imaginez cela…

Vous êtes entouré par la nouvelle langue et vous abandonnez totalement votre langue natale parce qu'elle n'est comprise de personne. Les gens autour de vous parlent tous une langue que vous ne comprenez pas et vous n'avez aucune alternative pour y échapper ! Quelle serait la conséquence d'un tel environnement ?

Cela créerait d'abord chez vous un BESOIN de comprendre la nouvelle langue. Les êtres humains ont BESOIN de contact humain, de partager, de s'exprimer, d'être compris. Dans une telle situation, vous auriez une motivation énorme à apprendre, proche de l'instinct de survie. Vous auriez une pression positive, constructive, pour apprendre. C'est à ça qu'un enfant fait face : il a *besoin* d'apprendre sa langue natale pour comprendre le monde qui l'entoure et créer des contacts humains.

Continuons l'exercice…

Dans le même temps, dans ce retour en enfance : vous avez des ressources pour apprendre votre nouvelle langue! Vous êtes entouré d'adultes et d'enfants d'âges divers. En entendant les gens parler, vous avez l'occasion de vous habituer à la langue, chaque jour, à tout moment. Vous avez également tout le loisir de poser des questions. Dès que vous apprenez à dire « C'est quoi ça ? » dans votre nouvelle langue, vous pouvez pointer un objet du doigt et poser la question! C'est ce que font les enfants ! Les enfants, aux dernières nouvelles, ne travaillent pas, surtout avant 7 ans, et bénéficient d'énormément de temps libre ! Ils passent globalement leur temps à jouer, poser des questions et apprendre le langage.

Bref, ce petit exercice pour vous faire imaginer en quoi l'univers de l'enfance est particulièrement conçu pour apprendre une langue vivante. Il est exclusivement composé de natifs, l'enfant a une pression positive pour apprendre et il dispose d'énormément de temps et de ressources pour cela.

En utilisant un tel univers, vous seriez amené à :

- Vous habituer à la musique de la langue : son rythme, ses intonations.
- Vous concentrer sur les sons qui existent dans votre nouvelle langue, pour tous les distinguer.
- Distinguer les limites entre les mots, simplement à force d'écouter la langue.
- Apprendre des mots de base lentement et vous en servir, même sans grammaire, pour communiquer. En faisant cela, vous parleriez en faisant plein de fautes au début mais vous maîtriseriez vraiment le vocabulaire de base !
- Apprendre des mots supplémentaires petit à petit et utiliser aussi de la grammaire, simplement en reproduisant ce que vous entendez les autres dire.
- Distinguer les noms et les verbes.
- Ensuite, vous utiliseriez des phrases complètes sans vous embêter avec les exceptions. Cela vous amènerait à produire peut-être 90% de phrases correctes.
- Vous apprendriez davantage de mots et à respecter les exceptions.
- Vous apprendriez davantage de mots tous les jours.

Ce serait un univers particulièrement intéressant pour apprendre. Pas juste une immersion mais aussi un environnement où vous auriez toutes les ressources pour apprendre de manière vivante et agréable. Pour vous habituer à la langue vivante et la parler, tout en jouant.

Alors la vérité est qu'il n'y a jamais eu d'études de ce type pour voir à quel point cela fonctionnerait. La plupart des programmes d'immersion n'obligent pas à abandonner sa langue natale et ne dispensent pas les adultes de leurs responsabilités ! Ce que je veux simplement que vous réalisiez, avec cet exercice, c'est que l'idée selon laquelle les enfants ont plus de facilités est biaisée. Bien sûr, si vous êtes en immersion totale et bien entouré et que vous n'avez de compte à rendre à personne, comme un enfant, vous auriez des facilités ! La question n'est pas tant dans les capacités du cerveau humain jeune, opposé au cerveau humain adulte… que dans la liberté et l'environnement à notre disposition.

Tout ceci étant dit, gardez en tête à quoi ressemble cet univers de l'enfance, si propice à apprendre une langue. Faites-en votre idéal. Vous voudrez vous en inspirer, en vous créant un univers pour apprendre votre nouvelle langue.

5.3.2 Choisir dans quelle langue parler

Parlons maintenant d'un élément par lequel les enfants, hors enfants bilingues, ne passent pas. Il s'agit du fait de *choisir* dans quelle langue parler.

Rappelez-vous ce que nous disions au début de la présentation sur les représentations et le langage. Nous avons nos représentations d'un côté et le langage de l'autre. Notre but – et la nouveauté lorsqu'on apprend une deuxième langue – sera de faire le choix, en un éclair, entre le fait de transformer nos idées en langage dans la langue A ou dans la langue B.

Il s'agit d'aiguiller son cerveau et d'ajouter une option "choix de la langue". Lorsqu'on ne parle qu'une langue, on n'a pas besoin de choisir dans quelle langue on va s'exprimer mais la possibilité de choisir reste là et il s'agit de l'installer.

Cela consiste à prendre conscience de la langue dans laquelle on veut écouter, parler et penser. Il s'agit aussi du mécanisme qui consiste à reconnaître des mots étrangers dans notre langue natale. Il s'agit de DISTINGUER les langues pour arrêter de les confondre et donc mieux parler chacune d'entre elles. Cela peut paraître évident qu'il faut choisir dans quelle langue on parle mais, par défaut, l'option n'est pas là ; il est donc important de la développer.

C'est similaire au système d'aiguillage des trains pour leur faire changer de voie. Sauf que, ici, ce sont vos pensées qu'il s'agit d'aiguiller, pour les diriger vers la langue appropriée. Il s'agit de voir que vous avez un CHOIX, une bifurcation à emprunter, au moment de parler.

Comment développer cette habitude ? Il s'agit d'être à l'écoute de soi, de s'observer. C'est là que les prises de conscience et les observations de notre première partie, sur les représentations et le langage, nous aident. En prenant conscience que vous avez un choix dans la transformation de vos représentations (images, actions, sons, sensations, idées…) en son et en langage, vous allez renforcer votre force à choisir dans quelle langue vous parlez et vous passerez d'une langue à l'autre plus facilement.

Pour bien faire, il s'agit donc aussi de ne pas mélanger les langues. Evitez de mélanger votre langue natale aux autres langues que vous connaissez. Si vous parlez déjà plusieurs langues, évitez de les mélanger entre elles. Pour cela, rappelez-vous bien du contexte lorsque vous apprenez. Si vous passez des mois à faire quelque chose que vous aimez dans une langue, que ce soit de chez vous ou de l'étranger, vous allez développer un *noyau solide* de pensées dans la langue elle-même. Les émotions sont importantes pour cela, elles renforcent vos souvenirs.

Pour résumer, en mode monolingue, vous ne vous êtes pas préoccupé de choisir dans quelle langue vous parlez. En mode bilingue, vous avez besoin de développer cette option en départageant vos sujets de conversations et vos souvenirs dans chacune des deux langues. C'est comme si vous rangiez vos souvenirs mentalement et surtout inconsciemment, en vivant des choses intéressantes et différentes dans chaque langue.

Une remarque pour finir. Vous verrez peut-être le fait d'être en mode bilingue comme une sorte de dilemme. Je veux dire par là que vous continuerez à avoir un lien fort entre vos idées et vos deux langues. Vous aurez une impulsion, à chaque fois qu'une idée vous vient à l'esprit, d'y réfléchir sous forme de mots et donc de basculer vers une langue OU l'autre, d'où le dilemme. De mon expérience, en mode trilingue, vous verrez que vous avez une vraie liberté par rapport à vos pensées. C'est-à-dire que vous perdrez ce besoin d'utiliser des mots à chaque fois que vous avez des idées en tête. Vous distinguerez à mon avis mieux : vos idées, votre langue natale, votre autre langue et votre troisième langue.

La capacité à distinguer les langues permet d'avoir les idées claires et de passer rapidement d'une langue à une autre sans confusion.

5.3.3 Langue par défaut

On vient de parler de l'idée d'installer le choix de la langue dans laquelle on parle, pour mieux séparer les langues et mieux basculer, mentalement ou par la parole, d'une langue à l'autre. Il s'agit de reprendre le contrôle sur le langage que nous utilisons.

Ce dont j'aimerais vous parler maintenant, c'est du concept de « langue par défaut ».

Ce que j'appelle la *langue par défaut*, c'est la langue dans laquelle on essaye de s'exprimer à chaque fois que l'on veut parler, c'est aussi la langue que l'on utilise par défaut pour penser. En somme, c'est la langue dans laquelle les mots nous viennent naturellement et directement.

A l'origine, hors enfants bilingues : notre langue par défaut sera notre langue natale et cela reste souvent notre langue par défaut toute notre vie, même si l'on parle une autre langue.

Pourtant, à tout moment, on peut décider de changer de langue par défaut et c'est même l'idéal pour apprendre une nouvelle langue rapidement ! Idéalement, votre langue par défaut sera la langue que vous apprenez actuellement.

Pour établir une nouvelle langue comme « langue par défaut », on fournit l'effort conscient d'essayer de penser dans la nouvelle langue tout le temps, jusqu'à ce que cela devienne automatique. La mécanique est simple : on prend conscience qu'on a le choix de la langue dans laquelle on parle et pense, et puis on développe l'habitude de *toujours penser et parler* dans la nouvelle langue. Alors, bien sûr, parfois on ne trouvera pas nos mots mais ce n'est pas grave, c'est l'occasion de chercher, mentalement ou dans un dictionnaire, et cela augmente notre familiarité avec la langue. Etre dans le pays facilite évidemment cette dynamique. Il reste néanmoins intéressant de développer cette mécanique même sans être dans le pays et nous en reparlons dans la seconde partie du livre.

Notez que, même dans notre langue natale, il nous arrive de chercher nos mots. Par exemple pour retrouver une expression que l'on n'utilise pas souvent ou parce qu'on a le mot sur le bout de la langue. C'est normal en français et ce sera donc normal aussi dans votre nouvelle langue. Pas de honte à avoir si vous avez besoin de chercher vos mots !

Le concept de langue par défaut est LE moyen de pratiquer 24H/24 SANS fournir d'efforts

Le concept de langue par défaut est LE moyen de pratiquer 24H/24 SANS fournir d'efforts. Lorsque vous pensez à quelque chose en français, pourvu que ce soit votre langue natale, est-ce que vous avez l'impression de TRAVAILLER le français ? Non ! C'est naturel pour vous. Ce que l'on veut atteindre, c'est la même chose mais avec votre nouvelle langue.

Par exemple, à Budapest, par défaut, je pensais en hongrois. Même en pensant à un ami à qui je veux dire quelque chose en français ou en anglais, les mots me venaient, de manière un peu surprenante au début, en hongrois, et je devais ensuite me rappeler de changer de langue pour parler à mon ami francophone ou anglophone. J'avais tout bonnement installé cette habitude de chercher et trouver mes mots en hongrois. Je vivais, pensais, parlais en hongrois. Tout cela grâce à des efforts personnels, au début, pour installer l'habitude mais, ensuite, cela tourne tout seul ! Evidemment, de faire du hongrois toute la journée me facilitait la tâche mais à la base il y a un désir et un effort conscient : je veux penser en hongrois malgré le peu de mots que je connais et je fuis le français et l'anglais pour *entretenir* mes pensées en hongrois ! Je ne faisais pas forcément six heures de hongrois par jour mais, à chaque fois que j'interagissais avec quelqu'un, cela se faisait en hongrois. Aussi, à chaque fois que je réfléchissais à quelque chose, j'essayais de le faire en hongrois. Alors, forcément, à force d'essayer, ça passe !

Cela m'amenait parfois, et même souvent, à chercher mes mots et cela pouvait me laisser songeur mais cela m'apportait le plaisir de voir que je pouvais penser dans la langue et, à court et à moyen terme, celui de voir que je faisais des progrès rapides. Les expressions universelles du type « je veux », « comment ça va », « quoi de neuf », pour discuter, ou « c'est où ? », « comment on dit ? », pour réfléchir, me venaient naturellement en hongrois. Pour ce qui est des expressions les plus difficiles, j'essayais de les chercher. Je ne faisais pas cela de manière acharnée. Je ne passais pas mon temps dans le dictionnaire. Simplement, à force de chercher comment on dit telle ou telle chose, je finissais souvent par remarquer l'expression chez autrui – et à ce moment-là je la mémorisais bien parce que cela faisait un moment que je la cherchais… – ou bien je finissais par céder et chercher dans le dictionnaire, ou bien encore je posais la question à quelqu'un. Tout ça pour dire que, à force de tout faire par défaut en hongrois, cela créait un cercle vertueux et me constituait une collection d'expressions hongroises que je pouvais utiliser régulièrement par la pensée ou par la parole.

On peut faire la même chose sans s'expatrier pourvu de se créer un univers dans la langue, ce qui devient très simple avec la technologie à notre disposition. Nous verrons comment mettre cela en œuvre dans la seconde partie du livre.

Utiliser la nouvelle langue par défaut, par la pensée et par la parole, est très constructif car cela renforce nos connaissances et nous pousse à en acquérir de nouvelles. Alors, forcément, il y a des comportements et des conditions qui aident pour cela. On en reparlera par la suite, notamment quant aux activités à suivre pour entretenir la mécanique. Simplement voyez que, à la base, tout se joue dans votre tête ! Si vous essayez de penser dans votre nouvelle langue, même avec peu d'idées, les mots vont vous venir. Je pense aussi que c'est ça qui fait la différence entre quelqu'un qui apprend les bases d'une langue rapidement parce qu'il a des facilités mais qui oublie tout par la suite… Et, quelqu'un qui apprend les bases d'une langue rapidement et les mémorise à long terme. La beauté de toute cette démarche c'est que cela vous fait pratiquer constamment. Ce que l'on pratique constamment, on ne l'oublie pas de sitôt. Enfin, il est possible d'essayer et de parvenir à penser dans la langue dès votre premier jour avec elle. Vous aurez moins de matière pour travailler mais cela installera une habitude qui vaut de l'or.

Il est possible d'essayer et de parvenir à penser dans la langue dès votre premier jour

Voilà pour l'expression mais remarquez que le concept de langue par défaut s'applique aussi pour l'écoute. Par défaut, lorsqu'on ne parle qu'une langue, on s'attend à ce que tout soit dans notre langue natale. C'est-à-dire que, lorsqu'on entend des bribes de conversation quelque part, on les interprète en nous attendant à ce que ce soit du français, parce que c'est naturel. Si on entend parler une langue étrangère on risque de se faire la remarque « ah, tiens, une langue étrangère ».

Faire de la langue que vous apprenez votre langue par défaut vous aidera aussi au niveau de l'écoute. Par exemple, si vous apprenez l'anglais, faites de l'anglais votre langue par défaut. A ce moment-là, lorsque vous entendrez des gens parler, vous interpréterez tout ce que vous entendez comme si c'était de l'anglais. Les langues sont prévisibles et vous essayerez de prévoir ce que vous entendez en anglais. Ca veut dire qu'en entendant les gens, vous essayerez d'entendre des sonorités, des mots et une certaine musique de la langue, tout cela en anglais. Alors ça peut vous sembler difficile voire impossible et inutile si vous vivez en France, par exemple, et, pourtant, c'est possible. En vous créant un univers anglophone, utiliser l'anglais comme votre « langue par défaut » vous aidera à profiter de votre « bulle » d'anglais au maximum. Vous vous mettrez à chercher de l'anglais partout et dans tout ce que vous faites. L'anglais ne sera peut-être pas encore devenu une langue courante pour vous, puisque cela ne se fait pas juste en quelques jours, mais cela sera déjà devenu une langue FAMILIERE pour vous. Et ça a énormément de valeur. Lorsqu'une langue nous devient familière, on ne s'embête plus avec des pensées négatives comme « j'ai peur de parler » ou bien « je ne suis pas à l'aise quand tout le monde parle uniquement anglais ».

Lorsqu'une langue nous devient familière, on ne s'embête plus avec des pensées négatives comme « j'ai peur de parler » ou bien « je ne suis pas à l'aise quand tout le monde parle uniquement anglais »

Changer de langue par défaut permet de nourrir notre connaissance de la langue quasiment 24H/24. C'est cela qui amène à être totalement à l'aise avec la langue, même sans tout comprendre, et à faire des choses telles que rêver dans la langue, parler sans réfléchir, comprendre sans se servir du français… Toutes ces bonnes habitudes qui sont communes à la fois aux natifs et aux personnes bilingues.

Désormais, lorsque vous êtes sur le point de parler, prenez une seconde de plus pour vérifier dans quelle langue vous voulez parler. Cela peut sembler idiot mais c'est la base pour construire cette « bifurcation » vers la nouvelle langue. Peu importe si vous vivez en France. Prendre cette habitude vous donne du recul. Cette seconde supplémentaire se transformera ensuite en ¾ de seconde, puis en ½ seconde et ainsi de suite… Jusqu'à ce que cela devienne instinctif. Ce que vous voulez, c'est que les mots vous viennent toujours dans votre nouvelle langue. Même si vous vivez en France et parlez avec des francophones, vous pouvez prendre une seconde pour voir si vous savez dire ce que vous avez envie de dire dans votre nouvelle langue directement. Le temps pris à pratiquer mentalement compte aussi comme du temps de pratique tout court.

Travaillez cette capacité un peu partout, comme un jeu. En l'exerçant quelques jours vous verrez que ce n'est pas sorcier et cela vous rendra déjà votre langue cible plus familière. Le bénéfice qu'il y a à cela est que de laisser le français de côté vous poussera à travailler votre nouvelle langue davantage. Vous aurez les idées plus claires lorsqu'il s'agit de passer d'une langue à une autre. Enfin, penser uniquement dans la langue que vous apprenez, dès le début, vous aide à vous désinhiber par rapport à elle : lorsque l'on sait penser dans une langue, il devient plus facile de la parler.

D'un point de vue biologique, considérez que plus vous faites les choses dans votre nouvelle langue SANS vous servir du français… Ce qui est exactement ce que tout ce concept de « langue par défaut » permet… Et plus les zones de votre cerveau qui gèrent votre nouvelle langue se renforceront. Avec la pratique, les réseaux de neurones correspondant se renforcent et le choix de la nouvelle langue devient plus facile. Plus vous avez de pensées dans la nouvelle langue, plus les connexions entre les neurones correspondant sont solides et rapides. Plus vous pensez dans la nouvelle langue uniquement et plus les réseaux de neurones qui gèrent cette langue dans votre cerveau seront larges, puissants et capables d'agir de manière autonome, sans recourir au français.

Désormais, fournissez l'effort de penser d'abord dans votre nouvelle langue, investissez cette seconde supplémentaire avant de parler ou en pensant. En transformant cela en une habitude, vous pourrez bientôt penser dans votre langue cible par défaut.

5.3.4 Attention au texte

Apprendre à lire et écrire fait partie du processus normal pour apprendre une langue. Ceci dit, le texte, pour un adulte, est souvent un cadeau empoisonné. D'un côté, le texte est génial parce qu'on lit plus vite qu'on ne parle et cela permet de couvrir beaucoup de terrain, beaucoup d'information, en peu de temps… D'un autre côté, le texte est un piège pour apprendre une langue car, tant qu'on ne maîtrise pas les règles de prononciation, s'en servir nous amènera à développer de MAUVAISES habitudes dans la langue. Apprendre un nouveau mot avec une prononciation incorrecte, c'est mieux que de ne rien faire mais cela signifie aussi qu'il y a aura un travail de correction, de rééducation, à faire par la suite.

Le problème des mauvaises habitudes est que, en plus de ne pas être efficaces, elles demandent par la suite pas mal de travail supplémentaire, puisqu'il faut les défaire !... Imaginez des nœuds à démêler dans les fils d'un ordinateur ou dans le fil de vos écouteurs et vous saurez de quoi je parle !... C'est loin d'être amusant et c'est un piège particulièrement présent pour les langues non phonétiques, comme l'anglais ou le français.

Pour respecter le développement naturel du langage, on prendra donc soin de se mettre à lire uniquement une fois que l'on connait précisément les sons qui existent dans notre nouvelle langue. On sera aussi attentif aux différentes manières dont les sons de la langue peuvent s'écrire, puisqu'un même son a souvent plusieurs manières de s'épeler d'un mot à un autre. Notez que, pour bien profiter du texte, on a donc besoin de *réapprendre* à lire dans la langue cible, puisque les lettres ne représentent pas les mêmes sons d'une langue à une autre.

Par exemple, en français, la lettre 's' peut avoir plusieurs valeurs selon le contexte (un son 'sss' dans « simple », un 'zzz' dans « française », ou encore être muette, par exemple), la même chose en anglais, cela varie selon le contexte ('sss' comme dans « simple », 'zzz' comme dans « bees ») et, en hongrois, 's' représente uniquement le son 'sshh'. Réapprendre à lire dès que l'on débute avec le texte nous évitera de prendre de mauvaises habitudes.

A la différence d'un enfant, l'adulte utilise le support texte souvent trop tôt !

Un peu de patience par rapport à la lecture, donc ! A la différence d'un enfant, l'adulte utilise le support texte souvent trop tôt ! Gardez bien en tête qu'un enfant passe des années à entendre puis parler la langue avant d'essayer de lire ! L'adulte s'empresse. Parfois, *souvent* même, ce qui est très dommage, en langues : on commence à essayer d'apprendre la langue par le texte, sans même vraiment l'avoir entendue par le passé… Ce qui est totalement ridicule lorsqu'on y réfléchit. D'une part parce que les langues vivantes sont forcément orales (puisqu'elles sont vivantes !) et, d'autre part, parce que lire ne sert pas à grand-chose sans savoir prononcer correctement. Lorsqu'on sait bien lire, la lecture exerce aussi bien notre oral que notre écrit. A l'inverse, tant que l'on ne connait pas les règles de prononciation du texte, on se retrouve à apprendre beaucoup de vocabulaire dont on connait le sens mais qui sera douteux ou incompréhensible pour les natifs, le jour où on essaye de le prononcer.

On fera donc attention à utiliser le texte au bon moment, dans les bonnes conditions et, lorsqu'on commence avec le texte, on fera attention à réapprendre à lire. Pour cela, c'est simple : on se familiarise avec l'alphabet et les combinaisons de lettres possibles pour produire les sons de la langue cible. Un cours de phonétique aide souvent pour cela, en nous permettant de nous concentrer sur les sons existants dans la langue ET la manière de les écrire. On reparlera de tout ça par la suite. Pour l'instant, gardez en tête que votre priorité doit être et rester l'oral, pour vous habituer à la musique et à la prononciation de la langue. Notez aussi que l'on peut étudier la phonétique d'une langue sans cours de phonétique, simplement en écoutant la langue attentivement pour s'en imprégner.

Une fois la phonétique de la nouvelle langue acquise, c'est-à-dire une fois qu'on a des bases solides à l'oral pour comprendre et prononcer, le texte aura sa place et nous permettra de faire des progrès rapides – et solides – en nous exposant, par exemple, à beaucoup de vocabulaire, très rapidement, que l'on saura prononcer.

5.4 Perspectives

J'aimerais que vous gardiez en tête tout ce qu'il y a de naturel dans le développement du langage chez l'enfant : le fait qu'il existe un ordre et un environnement qui l'aident à l'apprendre. J'aimerais que vous commenciez à réfléchir à la manière dont vous pouvez reproduire cela chez vous.

Commencez aussi à basculer d'une langue à l'autre et gardez en tête que cela est facile. Cela vous donne davantage de contrôle sur ce que vous faites dans chacune de vos langues. Enfin, essayez d'abandonner le français et d'installer votre nouvelle langue comme langue par défaut, pour que cela développe votre facilité, votre aise, votre naturel, à penser uniquement dans la langue cible, ce qui vous aidera à parler.

Fiche-synthèse : le développement du langage

Exercice 1 – Suivez vos progrès

Comme vous avancez dans l'étude de la langue, utilisez la liste suivante pour voir où vous vous situez et y concentrer vos efforts :

Ecoutez – *habituez-vous à la musique et à la prononciation de la langue.*

- ☐ Habituez-vous et distinguez la musique de la langue : son rythme, ses intonations.
- ☐ « Babillez » : essayez de produire les sons de la langue, même s'ils ne sont pas corrects au début.
- ☐ Distinguez les sons de la nouvelle langue proches les uns des autres mais néanmoins différents.
- ☐ Distinguez les sons de la nouvelle langue des sons proches en français.
- ☐ Distinguez la limite entre les mots, même sans en comprendre le sens.
- ☐ Reconnaissez une dizaine de mots.

Parlez – *réutilisez votre capacité à écouter pour produire du langage vous-même.*

- ☐ Communiquez de manière « télégraphique » : construisez des phrases basiques sans grammaire, en collant 2-3 mots ensemble.
- ☐ Reconnaissez une cinquantaine de mots.
- ☐ Reconnaissez la différence entre les noms et les verbes.
- ☐ Reconnaissez plus de 200 mots.
- ☐ Produisez 90% de phrases correctes au niveau de la grammaire, quitte à négliger les exceptions.

- ☐ Arrêtez de généraliser et prenez en compte les exceptions.

- ☐ Connaissez entre 500 et 1 000 mots, selon la fréquence à laquelle vous communiquez dans la langue.

- ☐ Connaissez de 2500 à 5000 mots selon votre environnement.

Lisez - *habituez-vous à associer texte et son pour faire le lien entre support matériel et langage parlé.*

- ☐ Apprenez 3000 mots par an, soit 8 mots par jour.

Ecrivez - *réutilisez ce système de code pour produire du langage à votre tour, sur un support.*

- ☐ Connaissez environ 12 000 mots, comme un natif.

Reprenez cette liste une fois par semaine pour identifier votre priorité.

Exercice 2 - Basculez entre vos différentes langues vivantes

Cette semaine, commencez à basculer vers votre nouvelle langue et à penser uniquement dans la langue, même si vous ne connaissez que dix mots !

Mémorisez des expressions utiles ou du quotidien et utilisez-les plusieurs fois par jour mentalement. Par exemple, si vous songez à aller à la boulangerie et apprenez le hongrois, pensez « Megyek a pékségbe » (« Je vais à la boulangerie »). En chemin, songez à ce qui vous fait envie. Si vous songez à vérifier votre téléphone portable et apprenez l'anglais, pensez « Did I get any SMS? » (« Est-ce que j'ai reçu un texto ? »). Pendant que vous écrivez votre message, songez à comment vous écririez la même idée en anglais.

Construisez, dans votre langue, une liste d'expressions utiles, puisées du quotidien. Faites ceci de préférence avec votre professeur ou faites-les vérifier par lui, puis mémorisez-les.

Voici quelques thèmes et exemples si vous êtes à court d'idées :

Une journée type :

» Quelle heure est-il ?

» J'ai faim.

» Je vais dans la salle de bain.

» Je suis en retard.

» Je suis en avance.

Les goûts et les impressions :

» J'aime bien. Je n'aime pas beaucoup. J'aime vraiment. J'adore.

» Je pense que… Je crois que… J'aimerais…

Les activités :

» J'ai envie de sortir, me balader, appeler un ami, regarder la télé, écouter de la musique, aller sur Internet…

Construisez une liste en fonction de votre quotidien à vous.

Mémorisez uniquement 2-3 expressions par jour, cela est suffisant pour débuter et penser dans la langue. Ne recopiez PAS la version française : si jamais vous avez besoin de vous rafraîchir la mémoire, copiez les expressions sur une feuille uniquement dans votre langue cible, SANS la traduction à côté.

Prenez cinq minutes maintenant pour noter quelques expressions aujourd'hui puis continuez en prenant quelques minutes, de temps à autre, pour collecter de nouvelles expressions ou les mémoriser.

CHAPITRE 6
CERVEAU ET MEMOIRE

La première chose sur laquelle vous devez travailler pour apprendre une nouvelle langue, c'est vous. Le support principal, ce n'est pas les autres, ce n'est pas les livres, ce n'est pas les MP3 que vous écoutez... Mais c'est vous. Le but du jeu restera toujours d'emmagasiner, d'automatiser et d'internaliser le langage. Cela passe évidemment par votre cerveau.

Le cerveau est sans doute l'organe le plus complexe au monde. Il y a encore beaucoup de mystère à son sujet. C'est aussi peut-être l'organe le plus intéressant du monde. C'est par lui que tout passe, nos perceptions, nos impressions, nos souvenirs, nos goûts, nos préférences... Ce que j'aimerais vous présenter ici, ce sont les grandes lignes de son fonctionnement et notamment leurs implications sur le fait d'apprendre.

6.1 Cerveau triunique

Un modèle assez simple mais assez efficace pour représenter le cerveau est le modèle du cerveau triunique. Dans ce modèle, on considère que le cerveau humain est la combinaison de trois types de cerveaux, superposés les un au-dessus des autres : le cerveau reptilien, le cerveau limbique et le néocortex. On considère que ces trois parties du cerveau ont évolué différemment, à des étapes différentes de la vie sur Terre, et que chacune a sa spécialité. Dans le détail, on retrouve (voir illustration page suivante) :

Le cerveau reptilien. C'est le cerveau le plus profond. Il est responsable de nos réflexes et de nos fonctions vitales. Il est similaire au cerveau que l'on observe chez les reptiles, d'où son nom. Il gère la plupart de nos réflexes tels que la respiration, le rythme cardiaque, la température corporelle et d'autres fonctions de survie.

Le cerveau suivant est le cerveau limbique. Il est situé au-dessus du cerveau reptilien. C'est le cerveau responsable de nos émotions. On peut aussi l'appeler cerveau émotionnel ou cerveau mammifère. Il est similaire à ce que l'on peut observer chez les mammifères. Il serait responsable de nos sensations, agréables comme désagréables, et des souvenirs qui y sont associées.

Le troisième et dernier cerveau est le néocortex. Il est situé au-dessus du cerveau limbique et est uniquement présent chez les primates. C'est chez les êtres humains qu'il est le plus développé. C'est le cerveau de la raison, de la logique, du langage. Il serait responsable de tout ce qui rend le cerveau humain unique, tel que la conscience, la réflexion et le langage.

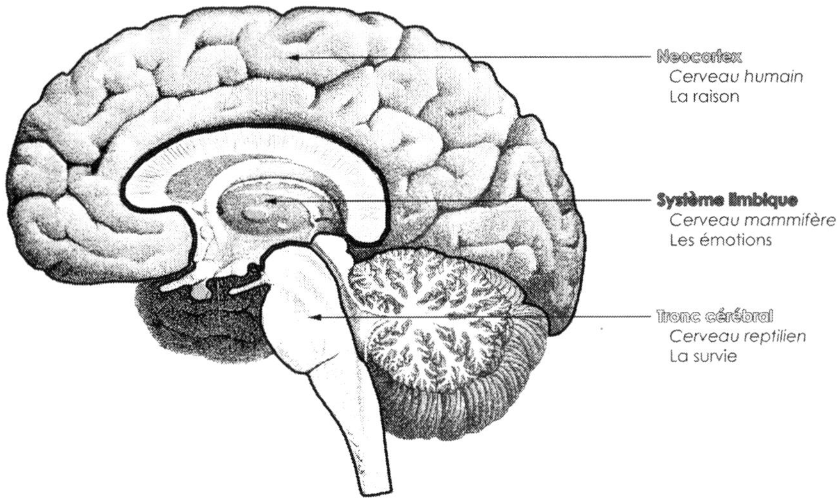

Cela nous fait donc un modèle du cerveau en trois parties, les unes superposées aux autres, avec le cerveau le plus ancien à la base et le cerveau le plus évolué au-dessus. Ce qu'il y a d'intéressant… C'est que, même si chaque cerveau du modèle gère une fonction spécialisée, au final, ils sont tous dépendants et connectés les uns aux autres et peuvent s'interrompre mutuellement.

Si le néocortex est le plus évolué, en revanche, le cerveau reptilien, qui gère la survie, a généralement le dernier mot. De la même manière, même si nous réfléchissons à quelque chose, ce qui est une fonction du néocortex, le cerveau limbique et les émotions sont susceptibles d'être sollicités et de nous interrompre dans notre réflexion.

Si vous êtes dans une situation de survie, par exemple si vous avez la main sur le feu, c'est votre cerveau reptilien, via les réflexes, qui vous fait retirer immédiatement et automatiquement votre main sans, heureusement, que vous ayez à y réfléchir ! De manière similaire, il est impossible de totalement utiliser le néocortex si vous êtes dans une situation où vous n'êtes pas bien émotionnellement. Ces trois cerveaux dépendent les uns des autres, avec pour but général d'améliorer votre survie, mais ils peuvent aussi rentrer en conflit. Une douleur physique ou émotionnelle peut interrompre toute réflexion.

Ce que cela signifie pour l'apprentissage c'est que, non seulement on ne peut pas s'appuyer uniquement sur notre logique, le néocortex, pour apprendre… Mais qu'il faut la coopération du cerveau reptilien et du cerveau limbique. Si votre bien-être physique ou émotionnel est menacé, vous ne pourrez pas bien apprendre, les cerveaux reptiliens et limbiques s'interposeront.

Si votre bien-être physique ou émotionnel est menacé, vous ne pourrez pas bien apprendre, les cerveaux reptiliens et limbiques s'interposeront

Ce modèle cerveau reptilien/cerveau limbique/néocortex n'est que cela, un modèle, et, depuis sa formulation, dans les années 60, la recherche y a apporté beaucoup de révisions. Néanmoins cela reste un modèle intéressant qui souligne le fait que les êtres humains ne sont pas uniquement des créatures logiques !

Je vous donne un exemple… Si vous êtes dans une salle de classe avec un professeur autoritaire qui vous met mal à l'aise et mine votre confiance en vous… Il sera quasiment impossible d'apprendre ! De manière similaire, si vous associez de mauvaises humeurs avec une activité particulière, vous allez essayer de la fuir même si, rationnellement, c'est une activité que vous désirez pratiquer.

Je pense sincèrement que la plupart des gens aimeraient apprendre des langues, des instruments de musique ou des sports… Comme le montrent les méthodes de langue, les guitares et les abonnements à des salles de sport abandonnés dans un coin… Il y a beaucoup d'appelés à ces activités et souvent peu d'élus. Alors il y a de nombreux de facteurs qui jouent mais réussir passera toujours par le fait d'aborder une nouvelle activité, non seulement d'un point de vue logique, mais aussi d'un point de vue émotionnel (se sentir bien lorsqu'on s'y adonne) et physique (se sentir bien dans sa peau et obtenir la coopération de son corps).

Ce modèle souligne aussi l'importance des émotions pour la mémoire. Nous avons besoin d'être dans de bonnes conditions pour apprendre. Vous devez vous sentir en sécurité et considérer l'activité dans laquelle vous allez vous lancer sous un jour positif.

6.2 La mémoire... forcément émotionnelle

En matière de mémoire, d'ailleurs, la logique a un poids faible face au poids fort des émotions. La mémoire est *extrêmement* et même avant tout émotionnelle.

Par exemple, si vous avez eu une expérience désagréable dans l'enfance avec un chien, admettons qu'il vous ait mordu... Vous vous rappellerez probablement toute votre vie de ce moment, même si cela n'a duré que quelques minutes. Cela gravera dans votre mémoire un souvenir particulier et négatif des chiens, même si la plupart des chiens sont gentils, même si vous savez, d'un point de vue logique, que la plupart des chiens sont des créatures sans danger. L'émotion, forte, court-circuite la logique.

Le fait que la mémoire est quelque chose d'émotionnel se voit d'ailleurs dans le langage : en français, quelque chose de « mémorable » signifie quelque chose qui n'est pas simplement « mémorisable » mais qui a aussi une importance affective.

6.3 Stimulation et connexions

En plus du modèle précédent qui comporte trois parties, on peut considérer le cerveau humain comme un réseau titanesque de neurones. Le cerveau est constitué de centaines de milliards de cellules. Sur ces centaines de milliards de cellules, on estime que la moitié sont des cellules qui ont un rôle protecteur tandis que l'autre moitié sont des neurones.

Les neurones ont la propriété de transmettre des signaux électriques et chimiques entre eux et on peut donc les voir comme des cellules qui échangent de l'information entre elles. *Chacun* de nos neurones est capable de se connecter à des dizaines de milliers d'autres neurones. Avec des milliards de neurones, chacun capable de se connecter à des dizaines de milliers d'autres neurones : on est face à un réseau titanesque ! Cela crée une quasiinfinité de combinaisons possibles. C'est bien plus important en taille que le plus puissant des ordinateurs ou que le nombre d'ordinateurs sur Internet. Tout cela, dans *votre* cerveau !

Toutes les connexions entre neurones ne sont pas égales : certaines sont fortes, certaines sont faibles et il y a tout un dégradé entre les deux. Ce que l'on sait c'est que, plus une connexion entre deux neurones sera sollicitée fréquemment, plus elle deviendra forte et rapide. Plus un neurone est stimulé, plus les neurones auquel il est connecté seront eux aussi stimulés et, aussi, plus la connexion entre eux sera forte.

Cela signifie au final que, plus un ensemble de neurones est sollicité, plus il sera puissant et rapide.

Je vous donne un exemple… Si vous apprenez à prononcer un nouveau son dans la langue, vous serez d'abord très lent en la matière. Cela vous demandera de la concentration. Plus vous vous exercez, plus les neurones responsables de cette action seront sollicités et… Plus ils seront sollicités, plus ils deviendront capables de répondre rapidement. Résultat : comme cela devient une habitude, les neurones responsables deviennent rapides et puissants et, par conséquent, vous pourrez prononcer le son plus facilement, plus rapidement.

Pour finir, il faut bien remarquer que nos muscles sont eux aussi constitués et contrôlés par les neurones, on peut même les voir comme une extension de notre cerveau. Ils obéissent aux mêmes règles et on a un moyen d'action similaire sur eux. Etre capable de bien prononcer un son, c'est-à-dire, être capable de bien placer sa langue et sa mâchoire et de bien utiliser ses cordes vocales, dépend de nous et peut être renforcé, tout simplement en s'exerçant régulièrement : pour récupérer puis renforcer notre contrôle des muscles responsables de ces mouvements.

Tout cela signifie déjà que nous avons un moyen d'action sur notre cerveau et notre corps. En choisissant nos activités et nos pensées, nous sommes capables – par réaction – de renforcer les réseaux de neurones qui leurs correspondent. Plus nous pratiquerons une activité, plus celle-ci deviendra automatique et puissante. Cela fournit une base rationnelle et un encouragement à nos efforts.

De la même manière qu'un muscle peut s'affaiblir à force de porter un plâtre puis être renforcé et rééduqué *par l'action*, on peut réveiller notre cerveau et notre corps pour les langues vivantes ET choisir ce que l'on mémorise et la manière, globalement, dont nous utilisons notre tête.

6.4 Vitalité du cerveau

Un petit mot sur ce dont notre cerveau a besoin pour tourner correctement.

Les deux principaux carburants pour notre cerveau sont l'oxygène et le glucose. Partant de là, un manque d'oxygène ou de glucose entraînera automatiquement des baisses de régime.

L'eau a aussi son rôle à jouer. Une déshydratation entraîne une perte d'efficacité dans le cerveau et réduit la puissance des transmissions entre neurones. Qui plus est, une déshydratation entraîne aussi une perte de performance au niveau des poumons, ce qui entraînera à son tour une perte d'oxygène dans le cerveau !

S'oxygéner, maintenir son niveau de glucose, notamment en mangeant des fruits, et bien s'hydrater

La solution à tout cela est toute simple : s'oxygéner, maintenir son niveau de glucose, notamment en mangeant des fruits, et bien s'hydrater. Prenez donc le temps de souffler et de prendre de l'air frais et n'hésitez pas à vous faire plaisir avec un peu de fruit ou à vous hydrater avant une leçon ou, tout simplement, tout au long de la journée !

6.5 Mémoire et réseaux de neurones

La mémoire étant gérée par notre cerveau et stockée dans nos neurones, elle fonctionne elle aussi sous forme de réseaux.

Cela veut dire que, lorsque vous vous rappelez de quelque chose, vous activez un souvenir précis dans votre cerveau mais vous activez aussi beaucoup d'autres souvenirs qui y sont connectés. Par exemple, si vous pensez au mot « chat », vous avez une image en tête sans doute, peut-être même un chat précis ou le son d'un miaulement qui vous viennent à l'esprit ! En faisant cela, vous activez aussi d'autres parties de votre cerveau qui ont enregistré des souvenirs liés aux chats. Ca pourrait être, comme souvenir, un chat que vous aviez étant gamin, une conversation récente sur le sujet ou bien un reportage vu récemment à la télé… Bref, vous activez une représentation précise et vous réveillez *aussi* des souvenirs qui y sont connectés.

Sous forme d'images, vous pouvez songer à votre mémoire, comme à votre cerveau, sous la forme d'un gigantesque réseau de neurones où chaque neurone peut se connecter à des dizaines de milliers d'autres. Vous pouvez vous représenter cela comme un immense arbre en 3D où les feuilles, en plus d'être connectées aux branches, peuvent se connecter entre elles.

C'est très difficile à décrire ou à représenter sous forme d'images… Tout simplement parce que, dans nos têtes, c'est quelque chose de monstrueux, de tentaculaire, tout simplement quelque chose de phénoménale. Des milliards de neurones qui, chacun, peuvent être connectés à des dizaines de milliers d'autres ! Le tout en 3D et concentré dans les quelques centimètres-cubes de votre cerveau !

Tout ce fonctionnement de la mémoire sous forme de réseau interconnecté a une implication importante : cela signifie que le cerveau fonctionne naturellement sous forme d'associations d'idées. Lorsque vous réveillez un souvenir, vous en réveillez automatiquement d'autres, prêts à bondir !

Tout ce que l'on mémorise est connecté à d'autres choses

Cela a une conséquence ultra-importante qui devrait être considérée comme une loi pour quiconque veut améliorer sa mémoire : il est beaucoup plus facile de mémoriser un élément si on peut le connecter à d'autres ! Il sera extrêmement difficile, voire impossible, de mémoriser des éléments isolés. Tout ce que l'on mémorise est connecté à d'autres choses. Il n'en est pas possible autrement.

C'est une bonne chose pour le langage car les associations d'idées créent un contexte et permettent de raconter une histoire sans avoir à rentrer dans tous les détails, même les moins intéressants. Par ce système d'associations, lorsque quelqu'un utilise un mot, on ne sait pas exactement quelle image ce mot lui évoque mais il nous évoque à tous une image (une représentation) suffisamment marquée, suffisamment associée à des souvenirs que tout le monde a vécus, pour que ce mot et donc l'image qui va avec aient du sens. Ces associations d'idées sont en fait la mémoire elle-même. Elles constituent aussi la base de la communication avec les autres, elles nous permettent de nous reposer sur le principe qu'autrui a *lui aussi* des associations d'idées, similaires aux nôtres, en tête.

C'est le fonctionnement naturel de la mémoire. Créer des liens entre les choses qui se produisent en même temps. Si tout ce qui se produit lorsque vous apprenez un mot c'est de voir de l'encre sur le papier avec, d'un côté, le mot en français et, de l'autre, le mot dans l'autre langue, il n'y aura jamais suffisamment d'informations, d'émotions, d'images et, au final, d'associations, auxquelles raccrocher ce mot… Et vous ne le mémoriserez probablement pas.

La mémoire n'est à la base que ça : des associations d'idées bien placées qui entraînent des connexions dans le cerveau. Nous en reparlerons.

6.5.1 Exemple : se rappeler d'un lieu

Imaginez que je vous montre la photo d'une façade d'immeuble quelconque, devant laquelle vous êtes déjà passé peut-être de nombreuses fois, mais que l'on ne voit sur la photo qu'un détail de la façade. Il y a de fortes chances pour que vous ne reconnaissiez pas l'immeuble en question. Votre cerveau a enregistré l'information quelque part mais, comme je vous demande quelque chose de très précis privé de son contexte, le cerveau a du mal à trouver du sens à cela et à raccrocher la photo à quelque chose de connu.

Maintenant, si je vous montre en plus de la photo de la façade, des photos du reste de la rue, il y a de bonnes chances que vous vous rappeliez de la façade en question et où elle se trouve. Lorsqu'on active un ensemble de souvenirs, un réseau de neurones si vous voulez, il est beaucoup plus simple de se rappeler de ce que l'on nous montre que lorsqu'on a une seule pièce du puzzle. De la même manière, si je vous montre différentes photos du quartier en question, et pas juste de la rue, alors là, c'est encore plus simple. Le souvenir sera vraiment frais dans votre esprit.

6.5.2 Application aux langues

L'application de cela pour les langues, c'est qu'il sera plus facile de mémoriser plusieurs mots ayant un point commun plutôt qu'un mot seul. Par exemple, en anglais, mémoriser « revenge » (se venger personnellement), « avenge » (se venger avec l'idée de rendre justice) et « vengeance » (la vengeance) sera plus facile que de mémoriser le mot « avenge » seul. Comme ces mots ont une même racine, le cerveau les connecte naturellement entre eux et au lieu d'avoir, par exemple, un seul neurone qui code l'information, vous avez tout un réseau de neurones qui se met au travail. De la même manière, il sera plus facile de mémoriser plusieurs mots qui forment une phrase qui a du sens plutôt qu'un mot isolé qui ne sert à rien.

> **Il sera plus facile de mémoriser plusieurs mots qui forment une phrase qui a du sens plutôt qu'un mot isolé qui ne sert à rien**

Il sera toujours plus facile de mémoriser quelque chose que vous pouvez connecter à de l'existant, plutôt que quelque chose qui n'a aucun lien avec ce que vous connaissez. Le plus dur pour le cerveau, c'est de créer quelque chose à partir de rien. C'est pour cela que le chinois, le japonais ou le hongrois semblent si compliqués au début… parce qu'il semble qu'il faut *tout* faire en partant de zéro. Par exemple, pour reprendre l'exemple précédent, le mot « vengeance » ne sera pas trop difficile à mémoriser parce qu'il existe un mot quasiment identique en français. Ou bien, si vous êtes fan de Batman, dont un des surnoms en anglais est « the dark avenger », ou bien, si vous êtes fan de la série anglaise « Chapeau melon et bottes de cuir », dont le titre original est « The Avengers », il sera plus facile de mémoriser ce mot parce que vous avez des prétextes pour le connecter à des connaissances existantes.

En somme, l'art de bien utiliser sa mémoire, c'est connecter la nouveauté à l'existant ou bien, lorsque ce n'est pas possible, c'est se raconter une histoire en connectant plusieurs nouveaux mots entre eux. Gardez donc en tête qu'il est important de

> **L'art de bien utiliser sa mémoire, c'est connecter la nouveauté à l'existant ou bien, lorsque ce n'est pas possible, c'est se raconter une histoire en connectant plusieurs nouveaux mots entre eux**

connecter les éléments entre eux et à l'existant, plutôt que de les laisser flotter seuls et disparaître.

6.5.3 Séparer les langues

Non seulement un neurone stimulé provoque la stimulation des neurones auquel il est connecté, mais les neurones stimulés simultanément sont proches les uns des autres dans le cerveau. Par exemple, les noms de couleurs sont stockés dans la même zone dans le cerveau. Ou bien encore, les verbes sont stockés à un endroit et les noms à un autre. On peut observer tout cela grâce à l'imagerie médicale, on place le sujet dans un scanner médical et on lui demande de parler de sujets précis, tout en observant son activité cérébrale.

Tout cela est logique et certainement optimal pour le cerveau : les informations qui ont un lien logique sont proches les unes des autres, ce qui rend la connexion entre neurones plus rapides.

Maintenant, c'est la même chose pour les langues et on peut favoriser le fonctionnement de notre cerveau en prenant soin de bien séparer les langues.

Imaginez un livre bilingue où, au lieu d'avoir le texte en français sur une page et le texte en anglais de l'autre, vous auriez tout en bloc sans distinction. Imaginez des phrases dans le désordre, une en anglais puis une en français et des mots anglais mélangés au français et vice-versa. Ce serait une vraie confusion. Alors, ne faisons pas la même chose avec notre cerveau. Eviter le *franglais* est un bon moyen de s'améliorer ET en français ET en anglais. Cela permet de s'exprimer de manière plus précise, plus fine ; bref, d'avoir le mot juste.

A force de mélanger les langues… On prononce mal les mots dans la langue étrangère et on retrouve difficilement le mot juste quelle que soit la langue. Enfin, à force de mélanger les langues, dans le cerveau, on stocke l'information dans les mêmes réseaux de neurones, au lieu de les séparer. Ca veut dire que le jour où on essaye de parler la nouvelle langue, les réseaux de neurones pour le français sont activés eux aussi et interfèrent. La meilleure manière de bien parler chaque langue, c'est de compartimenter.

Séparez donc les langues que vous parlez au maximum. Essayez de penser uniquement dans une langue lorsque vous la pratiquez et réduisez l'autre au strict minimum. Cela vous donnera de bonnes habitudes et une bonne discipline pour parler chaque langue correctement. Enfin, comme le cerveau stocke les informations qui ont des points communs dans des zones proches, et que le fait que ces zones soient proches accélère les temps de réaction, cela signifie aussi que vous parlerez et penserez plus rapidement dans chacune des langues.

6.5.4 La mémoire est progressive

On a tous déjà entendu cette phrase « Soit tu sais, soit tu sais pas ! ». Alors… Est-ce vrai ? Est-ce que soit on sait, soit on ne sait pas ? Est-ce qu'il n'existe pas un intermédiaire ?

Justement, pour la mémoire, oui ! Il existe tout un dégradé entre savoir et ne pas savoir. La mémoire ne fonctionne pas de manière binaire mais progressive, comme un dégradé. Ce n'est pas blanc ou noir, c'est progressif, d'une couleur à l'autre. Il existe des stades entre ne pas avoir du tout mémorisé et avoir mémorisé parfaitement.

Lorsqu'on apprend une langue, mémoriser un mot passe par plusieurs niveaux. Au départ, on ne connait peut-être pas du tout le mot, on ne l'a jamais vu, ni entendu, et on ne connait aucun mot similaire. A l'arrivée, à l'extrême opposé, il y a le fait de connaitre parfaitement un mot parce qu'il fait partie de nos mots favoris et les plus utilisés.

Entre ces deux extrêmes, il existe divers degrés de mémorisation. C'est une logique un peu floue mais bien réelle, qui reflète le fait que nos connaissances sont stockées, au niveau biologique, dans des neurones entre lesquels les connexions sont plus ou moins fortes. Une connexion forte entre neurones, c'est la chance de bien connaître notre sujet, c'est la chance qu'une information soit facile et rapide d'accès. Une connexion faible entre deux neurones, c'est le risque que récupérer l'information qui nous intéresse soit vraiment très lent.

Lorsqu'on apprend un nouveau mot, au départ, le mot est dans un ou des « réseaux » dans le cerveau. Le lien pour accéder à ce mot en mémoire n'est pas encore fort mais on se rappelle peut-être, par exemple, qu'il se rapproche de tel ou tel thème. C'est souvent là qu'on a l'impression d'avoir le mot « sur le bout de la langue ». La différence est que, lorsque cela arrive dans notre langue natale, on est toujours certain de connaître le mot, qu'il est quelque part dans notre cerveau… Dans une nouvelle langue, il y a souvent une part de doute : on est susceptible de se demander si l'on connait vraiment le mot, si on l'a *vraiment* vu par le passé.

Lorsqu'on apprend un nouveau mot, il y a le risque de ne pas l'avoir associé à beaucoup d'idées. Ce qui est somme toute assez naturel, on n'a pas beaucoup de souvenirs liés à ce mot – puisqu'il est nouveau !

A l'inverse, lorsqu'on connait bien un mot, il est associé à une foule d'information. Il est associé à sa prononciation et aux mots qui riment avec lui. Il est associé à la manière dont il s'écrit et aux mots qui lui ressemblent. Il est associé à des centaines ou des milliers de phrases dans lesquels on l'a déjà utilisé ou entendu. Et, évidemment, il est associé à certaines représentations bien précises, c'est-à-dire aux divers sens qu'il peut emprunter.

Entre ces deux états, il y a donc toutes les phases intermédiaires. Par exemple, peut-être que l'on connait bien la prononciation d'un mot mais que l'on a oublié son sens. Ou bien l'inverse, on se rappelle bien du sens en le voyant écrit mais pas de sa prononciation. Ou bien peut-être que nous ne l'avons pas encore utilisé dans beaucoup de contextes et qu'à vouloir le dire on ne sait plus avec quels autres mots il s'emploie.

On peut voir la mémoire comme un tableau que l'on peint par couches successives. Une seule couche, un seul passage, ne suffit pas

On peut voir la mémoire comme un tableau que l'on peint par couches successives. Une seule couche, un seul passage, ne suffit pas. On ne peut pas tout faire en une fois. Il s'agit donc d'accepter cela – c'est comme cela qu'est la nature humaine – et de voir que, non seulement c'est un phénomène naturel, mais ce n'est même pas gênant !

Si on mémorisait tout du premier coup, à la première exposition, on mémoriserait aussi tout un tas de choses inutiles ! Il n'y aurait aucune priorité entre ce qui est utile et ce qui ne l'est pas. L'oubli a une fonction : celle de filtrer ce qui est important par rapport à ce qui ne l'est pas. Cela sert à privilégier les réseaux de neurones utiles à une tâche, sans perdre d'énergie sur les réseaux de neurones qui ne servent à rien. Etre exposé plusieurs fois à la même chose envoie au cerveau le message qu'il s'agit de quelque chose qui devrait être mémorisé et, au niveau de la biologie, cela renforce les connexions entre les neurones correspondants.

Ne pas se rappeler instantanément d'un mot déjà vu plusieurs fois ne fait donc pas de vous un idiot! Le mot en question n'est simplement pas rattaché à suffisamment de souvenirs. Qui plus est, certains mots sont plus faciles que d'autres à mémoriser, certains plus importants, certains présentent un plus grand intérêt pour vous personnellement, certains sont plus faciles à raccrocher à ce que vous connaissez déjà… et ainsi de suite. Bref, les critères varient et la seule certitude est que mémoriser se fait par étapes, progressivement. Par exemple, vous mémoriserez plus facilement comment dire une de vos expressions préférées plutôt qu'une qui vous ennuie. Non seulement vous attacherez plus d'importance à une expression qui vous plaît qu'à une autre, mais vous aurez davantage l'envie et l'occasion de la placer, ce qui la rend renforce.

Pour aider votre cerveau à progresser dans la mémorisation de votre nouvelle langue, observez avec soin. Utilisez divers angles pour faire attention à ce que vous entendez. Par exemple, en premier, le mieux est souvent de faire attention à la prononciation du mot… Quitte à le décomposer en syllabes. Cela sera souvent plus important que de savoir l'écrire. Si le mot est long, vous pourrez faire attention à identifier les syllabes du mot qui sont difficiles à prononcer pour vous, pour que, à défaut de tout mémoriser, vous mémorisiez au moins une syllabe difficile, avec pour but avoué de la dompter et de la rendre plus familière. En concentrant votre attention avec précision, tout devient plus simple. Observez avec quels autres mots ce nouveau mot apparaît. C'est là aussi que cela se fait en plusieurs étapes. Si vous apprenez un nouveau mot le matin, utilisez le reste de la journée pour le « guetter » dans de nouvelles phrases ou dans de nouvelles utilisations. Amusez-vous aussi à le replacer dès que possible, en prenant évidemment soin à respecter son sens, c'est-à-dire à l'utiliser avec le bon sens, dans le bon contexte. On reparlera de tout cela mais, dans l'ensemble, bien observer aide à créer des associations d'idées et donc des souvenirs, nombreux, du mot et de la manière de s'en servir. En cela il y a une inégalité entre les gens observateurs et ceux qui le sont moins. Cela joue beaucoup plus que la puissance en mémoire brute… C'est d'ailleurs logique ! Pour mémoriser un élément, encore faut-il avoir remarqué qu'il était là !

Un petit mot sur la mémorisation de la prononciation… On peut apprendre la prononciation d'un mot et son sens indépendamment. C'est même souvent nécessaire face à une langue encore très nouvelle. Cela demande parfois trop d'efforts de retenir tout en même temps. La prononciation, le sens précis, les diverses utilisations, les déclinaisons s'il y en a, la manière de l'écrire… Cela fait souvent trop à digérer en une fois. Essayer de tout retenir en même temps pour progresser plus vite est une bonne chose mais il faut, quand même, accepter que cela se fera souvent en plusieurs temps. Ce sont les dégradés dont on parlait plus tôt. On peut distinguer comme dégradés, pour un mot ou une expression nouveaux :

« je n'ai jamais vu le mot, ni de mots qui lui ressemblent »

↓

« j'ai déjà vu des mots de la même famille »

↓

« j'ai déjà vu le mot une ou deux fois »

↓

« j'ai déjà vu le mot plusieurs fois »

↓

« je connais ce mot »

↓

« j'utilise ce mot »

↓

« je maîtrise ce mot »

↓

« c'est un des mots ou une de mes expressions préférés »

On passera naturellement par ces stades comme on apprend. On franchira plusieurs stades à la fois pour les mots faciles. Tout cela se fera souvent inconsciemment et deviendra en fait conscient surtout face à un mot revêche.

Vous pouvez voir cela comme des routes ou des chemins. Au début, il n'existe aucun chemin ou presque. Puis, à force d'emprunter le même chemin, un sentier en terre battu sera peut-être créé. A force de pratiquer un chemin en étant nombreux et fréquents, c'est peut-être une véritable route qui sera créée. Si le besoin est là, une route plus importante puis une autoroute. Alors la limite de cette comparaison c'est que les routes se construisent à plusieurs et qu'il y a des prises de décisions pour. La comparaison tient toujours la route (si je puis dire !) en ce sens que, plus un trajet est emprunté, populaire, plus il est impressionnant et important en taille. Au niveau de la mémoire, c'est la même chose. Plus vous utilisez certaines parties de votre cerveau (par exemple, un type de vocabulaire particulier dans une langue), plus ces parties se renforcent, ont du répondant et, bref, plus elles sont utilisables !

Gardez donc en tête que, même si mémoriser se fait souvent rapidement et inconsciemment, il y a beaucoup de situations où cela se fera progressivement. C'est naturel et ce que vous pouvez faire pour aider votre mémoire c'est relier les nouveaux mots à quelque chose de concret que vous connaissez déjà. Par exemple, mémorisez bien la prononciation ou une partie de la prononciation pour les mots les plus longs, et vous mémoriserez le sens davantage ou le reste les prochaines fois que vous voyez le mot. Pour les mots que vous connaissez, associez-les à d'autres pour mémoriser des expressions complètes. Pour les expressions que vous connaissez, entraînez-vous à les utiliser en bloc pour pouvoir les restituer en un jet plutôt que mot par mot. Renforcez progressivement vos acquis. A ce niveau, les petits fleuves font vraiment les grandes rivières.

6.5.5 Graver en mémoire

Il s'ensuit de tout ce que l'on vient de dire sur le fonctionnement du cerveau que l'on peut voir le fait d'apprendre une nouvelle langue, de manière rationnelle, comme le fait de créer, dans son cerveau, les réseaux de neurones nécessaires pour enregistrer notre connaissance du langage.

Connaître un mot, c'est le rattacher mentalement à d'autres mots, phrases et représentations. C'est associer ce mot aux phrases dans lesquelles on pourrait l'utiliser. C'est associer ce mot à une image mentale au sens large, que ce soit à l'image d'un objet, une sensation, un son ou une action. C'est associer ce mot à sa prononciation à travers chacun des sons qui le composent. Bref, c'est construire, mentalement, un réseau énorme qui contient des sons et des représentations tous connectés les uns aux autres.

Cette manière de voir les choses, en plus d'être scientifique, est rassurante parce que, face aux moments les plus difficiles, au lieu de se dire « oh, c'est trop difficile, je ne vais pas y arriver », on peut se dire « j'ai besoin de rattacher ce mot – ou ce son, cette expression, ce sens, etc. – à des mots que je connais bien ». Il suffit d'être pragmatique.

Votre rôle, en tant qu'apprenant, est de construire vos souvenirs dans la nouvelle langue, et cela passe par vos neurones et la création de nouveaux réseaux de neurones.

6.6 Principes de mémorisation

Maintenant que nous avons vu comment fonctionne le cerveau et, en particulier, la mémoire, respecter les principes suivants vous aidera à tout mémoriser.

6.6.1 La force des associations d'idées

Le cerveau enregistre naturellement ce qui se passe et crée des associations d'idées dans ce qu'il observe.

C'est comme lorsqu'on est pris dans une conversation et que l'on ne se rappelle plus comment on en est arrivé à parler d'un sujet en particulier. On essaye de remonter le fil de la conversation jusqu'à trouver de quoi on parlait au départ. Notre cerveau a retracé la conversation.

Pensez aussi à ces moments où vous avez un mot sur le bout de la langue et où vous essayez de vous rappeler d'informations supplémentaires sur le mot, dans l'espoir de retrouver le mot lui-même. Vous cherchez cette petite connexion qui vous permettra de remettre le doigt sur le mot.

Ou bien, que fait-on lorsqu'on a perdu quelque chose? On essaye de se rappeler ce que l'on faisait la dernière fois qu'on l'a vu ou qu'on s'en est servi.

TOUT le cerveau fonctionne par un système de connexions et d'associations. C'est impressionnant parce qu'il y a des milliards et des milliards de connexions possibles et que le cerveau enregistre tout et trie seulement plus tard… Mais, à la base, c'est simple : la magie du cerveau, c'est celle des associations d'idées, ce n'est rien que ça.

L'art de bien utiliser son cerveau consiste à créer des connexions claires entre les idées et à stimuler ces connexions par la répétition

L'art de bien utiliser son cerveau consiste à créer des connexions claires entre les idées et à stimuler ces connexions par la répétition.

Apprendre, BIEN apprendre, ce sera faire le choix de ces associations d'idées et les renforcer, pour les automatiser.

On peut utiliser des *mindmaps*[2] pour dessiner ces associations d'idées sur le papier… Tout en se rappelant que c'est dans la tête que tout se joue au final, et sur une surface beaucoup plus grande que celle d'une feuille de papier ! On peut donc effectuer une bonne partie du travail que fournissent les *mindmaps* tout simplement directement, mentalement.

En faisant le tri dans nos pensées, en effectuant nous-mêmes des associations entre les mots, on créera un réseau de « contenus » dans la langue, dans notre cerveau. Un réseau de mot, sons, expressions, reliés de manière étroite à des images, d'autres sons, des sensations, des souvenirs en tous genres. Cela se fait un peu pendant le cours de langue, que vous appreniez seul ou en groupe, mais – et surtout ! – en dehors, au quotidien. En vaquant à nos occupations, en rêvassant, en réfléchissant, dans nos loisirs, sous la douche, en se baladant, le soir avant de s'endormir… On réalise et on met à jour nos associations d'idées.

Mettre son téléphone dans la langue et ce genre de détails sont avant tout des rappels pour se lancer dans ce processus mental, pour créer nos associations d'idées dans la langue. Ce sont des prétextes pour basculer vers la nouvelle langue, en abandonnant le français, et poursuivre notre travail sur les associations d'idées.

Si cela semble beaucoup de travail, pensez au gain de temps que cela fournit par la suite puisque cela permet de TOUT automatiser. Si une association d'idées est forte, elle devient spontanée et il n'est plus nécessaire de fournir d'efforts pour vous en servir. C'est comme de se balader dans le métro : lorsqu'on ne le connait pas, c'est un vrai bazar, on passe son temps à chercher les panneaux pour s'y retrouver. A l'inverse, lorsqu'on le connait bien, que l'on a mémorisé où mène chaque couloir, on se déplace sans réfléchir ni chercher, par habitude. Le chemin est présent dans notre cerveau sans l'ombre d'un doute. Ce sera la même chose en langue. Associez les sons que

---

2 Mindmap : système de prise de notes qui mélange texte et dessin. On y représente l'information sous forme d'arbre ou de neurones, ce qui permet d'insister sur les relations entre les divers éléments du dessin.

vous entendez à des représentations précises et, en sens inverse, associez vos représentations à des sons précis (mots et expressions), et vous automatiserez votre capacité à comprendre et parler.

6.6.2 Associer les sens au langage

Nous avons déjà vu que nos représentations et notre langage sont deux choses différentes. Parler, c'est transformer des représentations, qui sont des images, des sons, des sensations, etc., en paroles, qui sont du langage. On gagnera donc à utiliser tous nos sens à la fois puisqu'on pourra alors se servir de notre imagination pour connecter ce que l'on apprend aux sens appropriés.

L'association d'idées de base, c'est d'associer un son à une représentation. Crier « Attention ! », cela revient juste à associer un son (le mot « attention ») à une attitude à adopter (être vigilant et regarder autour de soi, en étant prêt à agir).

Prenons d'autres exemples :

- La meilleure manière de mémoriser le vocabulaire des couleurs dans une langue, c'est d'associer la prononciation du mot en question à l'image de cette couleur dans notre tête.

- La meilleure manière de mémoriser l'expression « avoir peur », ce sera de ressentir de la peur pendant que l'on écoute comment cela se dit dans la langue. Ainsi de suite pour les différents sens.

- Les verbes sont souvent liés à l'action et donc à la perception de notre corps. Mémoriser le mot courir, c'est mémoriser la sensation de courir. La même chose pour ouvrir une porte et ainsi de suite.

Mémorisez un mot en l'associant à sa représentation : c'est LA voie à suivre pour vraiment assimiler une nouvelle langue

Cela ne signifie pas qu'il faut vraiment avoir peur ou avoir mal ou courir pour mémoriser les expressions sur ces sujets, mais les *imaginer* fera une grosse différence par rapport au fait de juste essayer de mémoriser une traduction ! C'est tellement différent que ce n'est pas comparable ! Mémorisez un mot en l'associant à son image, sa sensation ou sa représentation, peu importe comment vous voulez appeler ce qui se passe dans vos perceptions et dans votre imagination : c'est LA voie à suivre pour vraiment assimiler une nouvelle langue.

Plus vous dresserez un portrait vivant et clair des mots et des expressions que vous apprenez, en les visualisant, en les entendant, en les ressentant dans votre corps même… Plus vous mémoriserez facilement ce que vous apprenez et serez capable de le rappeler en mémoire et de l'utiliser instantanément.

6.6.3 La magie du nombre 7

Le cerveau ne peut supporter qu'un nombre limité de variables. Concrètement, si on vous donne une liste d'objets, d'idées ou de mots avec lesquels travailler mentalement, et que l'on augmente la dose petit à petit, il arrivera un stade où vous saturerez parce qu'il y a trop d'éléments.

Prenons un exemple concret : si je tire 15 lettres au hasard et que je vous demande de les mémoriser, il y a peu de chance que ça réussisse.

Exemple : FDRSFANBQTCCPFI

Essayez de les mémoriser…

Maintenant, mettons que je vous donne simplement 7 lettres à mémoriser, il y a de bonnes chances pour que vous parveniez à *toutes* les mémoriser.

Exemple : GKEHNDU

En somme, ce que la recherche a montré, c'est que notre mémoire de travail a une limite de 5 à 9 variables. Ca veut dire que c'est facile de mémoriser 5 objets… et même 9 pour certains d'entre nous mais, au-delà, ça devient vraiment difficile. On peut placer la limite en moyenne à 7.

Alors pour travailler intelligemment, respectez cette limite du cerveau humain de 5 à 7 éléments, pour ne pas saturer. Lorsque vous apprenez de nouveaux mots, évitez d'en apprendre 15 d'un coup, par exemple… Ca ne fonctionne pas, c'est décourageant, c'est même carrément frustrant. En apprendre 5 à la fois, par contre, est à la portée de tout le monde.

Pour travailler intelligemment, respectez cette limite du cerveau humain de 5 à 7 éléments, pour ne pas saturer

Il existe une astuce supplémentaire : on peut lever cette limite d'environ 7 variables tout simplement en organisant l'information intelligemment. C'est-à-dire que, si je tire 15 lettres au hasard mais qu'il se trouve qu'elles forment 5 mots de 3 lettres, eh bien, il n'y aura aucune difficulté à mémoriser toutes les lettres.

Exemple : SNCF FBI RATP CQFD

Notez que ce sont les lettres de tout à l'heure… Simplement dans un ordre différent.

On appelle cette technique le morcellement et elle est extrêmement utile pour organiser l'information de manière digeste. En somme : à chaque fois que vous avez *trop* d'information à emmagasiner, organisez-la en groupe de 5 à 9 éléments maximum. Personnellement, j'essaye de rester à 5 tout le temps, c'est ce qu'il y a de plus simple et on est sûr de s'y retrouver.

Je vous donne un exemple… Mettons que vous vouliez mémoriser rapidement différentes parties du corps humain, en anglais :

elbow ankle nose shoulders belly mouth forearm knee back leg eyes arm wrist thigh chest ears.

Si vous découvrez ces mots et prenez la liste en une fois, c'est non seulement décourageant, mais il y a peu de chances que cela fonctionne… et ce temps que vous avez perdu aurait pu être mieux utilisé ailleurs. Alors, à la place, voici une manière d'organiser l'information par blocs de cinq éléments, en créant un arbre ou une hiérarchie :

(Head)	(Torso)	(Arms)	(Legs)
Eyes	Shoulders	Arm	Thigh
Ears	Chest	Elbow	Knee
Nose	Belly	Forearm	Leg
Mouth	Back	Wrist	Ankle

Avec une telle organisation, l'information est la même mais devient digeste… et ce n'est qu'un exemple isolé. En combinant cette technique de morcellement avec l'emploi d'images et d'autres techniques de mémorisation, mémoriser tout cela devient un jeu d'enfant !

Tout cela pour illustrer le concept selon lequel organiser l'information, non seulement de manière ordonnée, mais aussi par bloc digestes de 5 à 9 variables maximum, permet de mieux mémoriser et, surtout, sans efforts surhumains. Notez que, dans l'exemple précédent, des difficultés de prononciation pourraient vous rendre la tâche difficile. Si vous ne savez pas prononcer l'un de ces mots… Le mémoriser devient pénible. C'est un autre sujet, qui consiste à éliminer le doute et les résistances au maximum pour bien apprendre.

Apprendre de manière pénible est TOTALEMENT facultatif

Utilisez cette technique de morcellement pour rendre votre nouvelle langue digeste. Vous n'avez AUCUN besoin d'avoir l'impression de saturer lorsque vous apprenez ! Apprendre de manière pénible est TOTALEMENT facultatif. En simplifiant les choses pour leur donner une dimension humaine – et, en général, cela signifie avoir 7 éléments à la fois maximum à tout moment – non seulement vous mémorisez mieux, mais cela développe votre confiance en vous en vous donnant le sentiment bien agréable d'avancer et de voir que la langue est à votre portée.

En somme, respectez cette limite du cerveau humain, entre 5 et 9, pour mieux vous organiser, mieux digérer l'information et, au final, mieux mémoriser.

Fiche-synthèse : cerveau et mémoire

Exercice – Utilisez votre cerveau de manière optimale

La liste suivante vous donne une liste d'éléments à vérifier et à appliquer à vos efforts sur la nouvelle langue, pour mémoriser naturellement :

- ☐ **Identifiez si une activité dépend de votre corps, de vos émotions ou de la logique.** Si cela demande réflexes, muscles ou rapidité, c'est certainement un travail sur le corps. Si cela est en rapport avec votre humeur ou votre imagination, c'est sûrement un travail sur les émotions. Si cela demande une réflexion froide ou immobile, c'est sûrement un travail logique.

  Exemple : la prononciation est surtout un travail sur le corps, lire une histoire un travail sur les émotions et l'analyse de grammaire un travail sur la logique.

- ☐ **Utilisez actions, sensations et émotions** pour mémoriser plus intensément. Vous pouvez faire ceci physiquement ou par l'imagination.

  Exemple : pour mémoriser le vocabulaire de la nourriture, vivez ou imaginez une situation où vous cuisinez avec quelqu'un. Ainsi, vous faites les actions dont vous parlez et vous vous servez des objets dont vous discutez.

- ☐ **Tout au long de la journée**, utilisez les expressions que vous voulez maîtriser. Le faire mentalement compte aussi.

  Exemple : dès que vous patientez au téléphone, repensez à une expression apprise récemment et imaginez-vous être en train de l'utiliser avec un natif.

☐ **Prenez soin de votre santé,** commencez à très court terme pour aussi en prendre soin à long terme : hydratez-vous, mangez des fruits et prenez de l'air frais.

Exemple : avant ou pendant une séance de travail, aérez la pièce, mangez de vrais fruits et buvez de l'eau.

☐ **Travailler uniquement avec des listes de 4 à 9 variables.**

Exemple : travaillez uniquement avec des phrases où il n'y a que 4 mots inconnus.

Utilisez cette liste une fois par semaine pour prendre du recul sur votre manière d'apprendre et rendre les choses naturelles.

2NDE PARTIE : LE TRAVAIL EXTERNE

Bienvenue dans cette seconde partie sur le travail externe !

Dans la première partie, on s'est consacré à élargir notre vision des langues vivantes, pour être plus précis et plus constructif sur le sujet, en comprenant les principes qui gouvernent les langues vivantes et leur acquisition. Maintenant, nous allons voir comment les appliquer dans le monde réel ou ce que l'on peut appeler le travail externe, en matière de langues vivantes. C'est-à-dire, tout ce qui se joue hors de nous pour apprendre : les méthodes que nous utilisons, nos interactions avec les natifs, notre environnement et les actions concrètes que nous pouvons prendre pour apprendre.

Avec une bonne compréhension des principes de la première partie, cette seconde partie vous donnera des pistes faciles à suivre pour acquérir une nouvelle langue au quotidien.

Que vous utilisiez ce livre pour démarrer une nouvelle langue ou pour mieux apprendre une langue que vous étudiez déjà, cette partie vous donne une approche intégrée pour apprendre. Il s'agit d'une approche respectueuse, à la fois des limites et des atouts de la nature humaine, et de l'aspect tentaculaire des langues vivantes. Le but est simple : que vous atteigniez votre objectif – parler la langue de votre choix ! – en vous débrouillant rapidement dès le début, puis en ayant à terme des facilités pour apprendre chaque jour sans efforts.

CHAPITRE 1
DEMARRER INTELLIGEMMENT

Je pense honnêtement qu'il y a beaucoup de progrès à effectuer dans la manière dont on enseigne les langues vivantes, *particulièrement* aux débutants. Lorsqu'on débute correctement, on devient rapidement capable de se débrouiller, ce qui non seulement augmente l'estime de soi mais permet, tout bonnement, de mieux profiter de tout ce que l'on apprend par la suite. En débutant bien, on récolte rapidement plus de fruits de nos efforts et de notre temps que quelqu'un qui n'a pas eu cette chance.

Débuter c'est un stade bien particulier où la motivation est souvent importante mais où elle peut aussi disparaître très rapidement, dès que l'on réalise qu'on est confronté à quelque chose de plus difficile qu'on ne pensait. L'essentiel, ce sera donc d'utiliser dès le départ une approche qui paye… Utiliser une approche qui nous montre que l'on avance bien, qui nous donne de la satisfaction à voir nos progrès. Pour cela, le plus important est, à mon avis, de démarrer intelligemment, en acceptant et en respectant les contraintes auxquelles on fait face.

1.1 Respecter les contraintes

Ce que j'appelle démarrer intelligemment, c'est, d'abord, accepter, respecter et utiliser au mieux, à la fois : la nature humaine et la nature des langues vivantes.

La nature humaine est limitée. Niveau intelligence, niveau mémoire, niveau tout-ce-que-vous-voulez. Nous avons tous nos limites et quelque part c'est un dénominateur commun à l'espèce. Le génie est surfait et sert surtout à nous faire culpabiliser par rapport à nos propres limitations, qui sont au final normales – elles font partie de notre nature! Alors la question est, puisque ces limites sont là, comment faire pour réduire leur importance au strict minimum tout en apprenant un maximum?

Ensuite, à l'inverse, la nature des langues vivantes est complexe et même pratiquement infinie en taille. On peut tous produire une infinité de phrases qui n'ont jamais été prononcées avant. Et, pourtant, les gens arrivent à nous comprendre. C'est à la fois la magie et le défi des langues vivantes.

Comment profiter de tout cela pour apprendre et réussir ? Comment apprendre même lorsqu'on dispose de peu de temps ? Comment progresser même lorsqu'on est fatigué ? La question qui englobe tout cela est : comment jouer au mieux les cartes à notre disposition ?

Comment jouer au mieux les cartes à notre disposition ?

Un exemple : l'intelligence humaine est limitée, si je vous bombarde de 10 mots inconnus, vous ne serez pas en mesure de tous les mémoriser. Il y a une limite à notre mémoire de travail. Respecter la nature humaine pour apprendre, c'est remarquer que notre mémoire de travail est limitée mais que, en l'utilisant intelligemment, nous disposons d'une mémoire à long terme quasiment illimitée. Tout ça, c'est l'aspect humain. La partie précédente vous a fourni, j'espère, quelques pistes, mais cela ne s'arrête pas là.

Nous disposons d'une mémoire à long terme quasiment illimitée

Imaginez le pire des scénarios possibles pour apprendre (pas assez de temps, une mémoire de poisson, etc.), qu'est-ce qui est à notre portée pour réussir même dans des conditions difficiles ? En sachant qu'il est aussi très peu probable que vous ayez TOUS les problèmes possibles à la fois. Là, l'attitude a évidemment son rôle à jouer. Si on cherche tous les problèmes, en général, on les trouve ! Entre se plaindre de ne *pas* avoir une intelligence, une mémoire, une motivation et ainsi de suite qui serait illimitées -ET- faire des choix sur la manière d'utiliser au mieux ce que nous avons, le choix doit être vite fait !

Ceci étant dit… en partant d'une attitude pleine de bonne volonté, qu'est-ce que nous pouvons faire pour contourner ou utiliser au mieux nos limitations ?

C'est un changement de point de vue par rapport à la philosophie du système scolaire.

Le système scolaire met en avant la perfection. Il faut avoir 20/20, c'est-à-dire : il faut tout connaître de manière idéale et sans fautes. Le problème d'une telle attitude dans l'apprentissage des langues est qu'elle n'est ni pratique, ni réaliste. On ne peut pas être parfait dès le début. Un enfant ne débute jamais sa langue natale en parlant à la perfection. Non seulement les natifs commettent des fautes dans leur propre langue mais ils utilisent aussi des raccourcis qui ne sont pas vraiment des fautes. Ces raccourcis, dans la prononciation, font qu'ils ne parlent pas *parfaitement* mais qu'ils parlent de manière *naturelle*. Se confronter à la réalité, c'est ça, et ça permet de voir ce qui est important.

Une différence que je vois entre quelqu'un qui est sur le bon chemin et quelqu'un qui ne l'est pas encore est, par exemple, la capacité à parler la nouvelle langue lorsqu'on est fatigué. Souvent, les personnes utilisent le prétexte de la fatigue pour ne pas parler la langue. Il ne s'agit pas de nier qu'on peut être fatigué, au contraire, ça fait partie de la réalité. Il s'agit simplement d'accepter de parler *même* si on est fatigué et d'accepter qu'il y aura peut-être davantage d'erreurs dans ce cas-là. Ce qui empêche vraiment les gens de parler lorsqu'ils sont fatigués, ou bien d'autres excuses, ce n'est pas vraiment la fatigue elle-même. C'est le fait de ne toujours pas avoir accepté l'idée qu'il n'y a PAS besoin d'être parfait.

Acceptez l'idée qu'il n'y a PAS besoin d'être parfait

Il y a de toute manière trop de choses à faire à la fois pour qu'un débutant parle parfaitement. Il est donc préférable d'accepter de ne pas connaître grand-chose et de ne pas parler parfaitement au début. Je ne vous dis pas de négliger la manière dont vous parlez, au contraire, soignez ET votre nouvelle langue ET votre langue natale… Simplement, acceptons que, même avec tout le soin du monde, on commettra des fautes, peut-être même qu'on va se rendre compte de la faute juste après l'avoir dite, mais c'est mieux que de rester muet et perfectionniste. Il vaut souvent mieux consacrer son énergie à *progresser sur un point B* plutôt qu'à essayer de *se perfectionner sur un point A*. Par exemple, pour prendre du concret, il ne sert pas à grand-chose d'essayer d'avoir un vocabulaire ultra-large lorsque

Il vaut souvent mieux consacrer son énergie à *progresser sur un point B* plutôt qu'à essayer de *se perfectionner sur un point A*

notre prononciation n'est pas encore compréhensible !

Je vais vous donner un petit exemple tiré du monde de l'entreprise… Un jour, une société investit dans une campagne marketing et se retrouve à perdre une somme très importante parce qu'ils ont mal géré la campagne. Quelques années plus tard, le chef de l'entreprise en question, qui s'en est sorti, est interviewé et on lui parle des situations difficiles qu'a pu connaître sa boîte. Ce qu'il faut savoir c'est que, à l'époque, avec cet incident, ils n'étaient pas loin de mettre la clef sous la porte. La réponse du chef d'entreprise était toute simple et très zen : « Je suis content qu'on ait fait cette erreur à l'époque. » Son raisonnement était le suivant : s'ils commettaient le même genre d'erreur de nos jours, dans les mêmes proportions, ils seraient certains de faire faillite. Commettre l'erreur à l'époque était une chance parce que non seulement, comme la société était beaucoup plus petite, ils ont perdu une somme moins importante que ce qu'ils perdraient maintenant avec la même erreur, mais, en plus, ils ont pu apprendre de cette erreur pour s'améliorer et cela pendant des années ensuite. Au final, il était donc préférable de commettre l'erreur tôt et d'en tirer des leçons, qui ont profité, plutôt que de commettre l'erreur tard, de perdre beaucoup plus et de ne rien apprendre dans l'intervalle. L'avantage des erreurs c'est qu'en plus de nous apprendre quelque chose, plus tôt on les commet, plus tôt on peut mettre les leçons qu'on en tire à profit. Il n'y a donc pas à avoir honte de nos erreurs. Elles sont là pour nous enseigner quelque chose.

Alors, c'est un peu la même chose en langue avec la grosse différence qu'il n'y a pas de pertes matérielles en langues vivantes ! Vous tromper de personne dans une conjugaison ne vous enverra pas en prison, vous tromper de mot ne vous fera pas perdre une fortune. Tout se joue mentalement et les pertes physiques sont nulles ! La leçon, elle, reste vraie : il vaut mieux commettre les erreurs le plus tôt possible et profiter de la correction pour les années à venir plutôt que de ne rien oser et perdre des années. Si vous apprenez à améliorer votre prononciation d'un son aujourd'hui, vous allez non seulement parler un peu mieux tout de suite mais vous allez pouvoir profiter des semaines à venir pour améliorer votre prononciation de ce son par la pratique et la rendre automatique ! Dans quelques années ou même juste

Il vaut mieux commettre les erreurs le plus tôt possible et profiter de la correction pour les années à venir

dans quelques mois, prononcer ce son sera véritablement devenu une seconde nature.

Vous ferez ces fautes à vos commencements, même avec toute la bonne volonté du monde, tout simplement parce qu'il faut du temps pour que les habitudes de prononciation, de mémorisation et autres se mettent en place. C'est naturel et c'est la première contrainte de la nature humaine : la perfection n'existe pas ! Ce qui existe, c'est les progrès. Progresser, ça c'est du réel, ça c'est du concret, ça, tout le monde peut le faire quel que soit son niveau. La perfection, c'est du fantasme. La perfection dès le départ, c'est limite de l'humour ! Alors visez la progression, pas la perfection. La bonne nouvelle c'est, évidemment que, cumulé dans le temps, les progrès donnent *l'impression* de la perfection… D'ici là, votre moyen d'action consiste à avancer pas à pas, intelligemment. Ce qui n'empêche pas d'aller rapidement, pourvu de faire les choses dans l'ordre.

Progresser, tout le monde peut le faire, quel que soit son niveau. La perfection, c'est du fantasme

Démarrer intelligemment, ça signifiera aussi respecter la manière dont les gens se motivent. Cela évite de perdre son temps et son énergie à aller à contre-courant. Les langues sont dans l'ensemble très logiques mais la nature humaine est surtout émotionnelle. Prendre en compte cela pour entretenir sa motivation peut facilement faire la différence entre quelqu'un qui abandonne et en conclut que les langues vivantes « c'est bête, ça ne sert à rien et c'est pas pour moi » ou quelqu'un qui prend plaisir chaque jour à parler une ou plusieurs langues.

Si la nature humaine est par définition limitée, une langue vivante est, elle, au contraire, quasiment infinie !

La nature d'une langue vivante quelle qu'elle soit est complexe. Dans une langue, il y a beaucoup d'aspects distincts à gérer en simultané. On en a parlé plus tôt, il faut par exemple gérer le vocabulaire, la grammaire et la prononciation tout à la fois ! Une langue, c'est aussi des chiffres impressionnants. Des centaines de règles, des dizaines de milliers de mots, autant d'expressions et, à vrai dire, cela permet de créer une infinité de phrases.

Pour illustrer cela, prenons un exemple issu du domaine des moteurs de recherche. Sur Google, la moitié des recherches effectuées par les Internautes sont des recherches que personne n'a effectuées par le passé. C'est-à-dire que les gens utilisent, dans leurs recherches, des combinaisons de mots longues et uniques que Google n'a jamais vues avant. C'est un exemple simple du fait que l'on peut sans cesse générer de nouvelles phrases dans une langue vivante. Ce qui est fantastique dans tout cela c'est que, lorsqu'on parle une langue, on est – évidemment – capable de comprendre des phrases que l'on n'a jamais entendues par le passé.

Une langue, c'est quelque chose de tentaculaire qui *pris en bloc* dépasse totalement les capacités humaines. Ca ne veut pas dire que c'est impossible à apprendre, ça ne veut même pas dire que c'est difficile, simplement, c'est *volumineux*. Alors tout comme il est plus facile de déplacer un meuble encore dans ses cartons d'emballage plutôt qu'un meuble monté et rempli, il y a des manières de rendre les langues vivantes accessibles.

Ca me rappelle une devinette sur les éléphants. Comment on fait pour manger un éléphant ? Eh bien d'abord, on en mange une fourchette. Puis une deuxième. Puis une troisième… et ainsi de suite.

Une approche intelligente sera de reconnaître qu'une langue vivante est par définition énorme et de partir de ce constat pour non seulement la découper en parties plus digestes mais faire des choix sur ce que nous apprenons en premier. Prenons l'exemple de l'anglais. En anglais, on estime actuellement qu'il existe environ 1 million de mots! 1 million de mots !!... Je vous donnerai le détail derrière ces chiffres plus tard mais, ce qui est certain, c'est que, si on essaye d'apprendre un million de mots sans faire de tri, on est voué à l'échec ! Il faut donc savoir par quoi commencer ! Alors comment faire un saut impressionnant de 1 million à 1 000 mots… Les 1 000 mots les plus courants en anglais à l'oral représentent 85% des conversations ! 1 000 mots sur 1 million… C'est juste un millième ! Ca signifie que 99,9% des mots en anglais ne servent que 15% du temps ! Et encore, pas tous avec la même fréquence.

Alors une approche intelligente pour les langues vivantes, cela consiste en plusieurs choses.

Sur l'aspect humain, cela consiste à respecter les limites du cerveau humain pour travailler sans avoir l'impression d'échouer et sans avoir de doutes sur nos capacités. Cela consiste aussi à respecter la nature humaine pour respecter nos goûts, en *personnalisant* notre apprentissage pour utiliser ce qui nous plaît le plus dans la langue, pour que ce soit toujours un plaisir d'apprendre.

Sur l'aspect linguistique, cela signifie faire le tri pour prioriser nos efforts. Cela signifie utiliser les outils appropriés pour chaque facette des langues vivantes.

Le résultat, lorsqu'on combine ces deux philosophies, est que nous récompensons systématiquement nos efforts. Non seulement ce que nous apprenons nous plaît, mais cela nous sert. Non seulement on progresse dans sa connaissance de la langue, mais on augmente le plaisir qu'elle nous procure !

1.2 La loi de Pareto appliquée aux langues

On a parlé d'être intelligent dans notre manière d'aborder notre nouvelle langue. Une première étape pour cela, ce sera de faire le tri dans le vocabulaire. Avec des centaines de milliers de mots dans la plupart des langues, mieux vaut voir ce que l'on fait en premier. Pour cela, rien de mieux que la loi de Pareto.

La loi de Pareto, aussi appelée loi des 80/20, tient son nom d'un économiste italien du XIXème siècle, Vilfredo Pareto. Ce qui distingue Pareto, c'est qu'il s'intéressait particulièrement aux statistiques. Il y cherchait du sens, à une époque où ses confrères ne s'y intéressaient pas vraiment. Pour la petite histoire, en plus d'être économiste, Pareto s'intéressait à la botanique.

Tout cela l'a amené à une observation toute simple, effectuée dans son jardin : il s'est aperçu que 80% des petits pois dans son jardin étaient produits par seulement 20% des gousses. De manière intuitive on s'attendrait à ce qu'il y ait une égalité à ce niveau, que toutes les gousses produisent à peu près autant de pois… mais ce n'était pas le cas. Partant de là, Pareto s'est mis à chercher s'il n'existait pas ce genre de distributions en économie et il a observé que l'on retombait souvent sur les mêmes proportions. Par exemple, dans l'Italie de son époque, 80% des terres étaient la propriété de seulement 20% de la population. Il a alors fait des observations similaires dans d'autres domaines et ce qu'il y a de fascinant, c'est que ces proportions tournent souvent autour de 80/20. Depuis, d'autres que lui ont fait le même type de recherche, avec les mêmes observations, dans divers domaines, tant et si bien que cela est devenu une loi qui porte son nom. Par exemple, 20% des clients d'une entreprise représentent souvent 80% des ventes ; ou bien, 20% des fonctions d'un produit seront utilisées 80% du temps par les utilisateurs. La répartition des richesses est souvent similaire. Prenez un groupe de personnes, que ce soit à l'échelle d'une classe ou d'un pays et, généralement, 20% d'entre elles détiennent 80% de la somme d'argent totale du groupe. Parfois, les proportions deviennent davantage extrêmes, comme par exemple 90/10 ou 99/1. Ce qui reste intéressant, dans tout cela, c'est que, bien souvent : une petite partie d'éléments est responsable de la grande majorité des résultats.

En langues vivantes, les 20% de mots les plus fréquents dans une langue sont utilisés 80% du temps

En langues vivantes, on fait le même type d'observation ! 20% des mots sont utilisés 80% du temps ! Plus exactement, les 20% de mots les plus fréquents dans une langue sont utilisés 80% du temps.

Qu'est-ce que ça veut dire pour nous? Ca signifie que nous concentrer sur des mots soigneusement choisis dans une nouvelle langue peut nous permettre d'en acquérir les bases beaucoup plus rapidement que par les approches traditionnelles, qui laissaient le choix du vocabulaire un peu au hasard ou au bon goût du professeur. Plutôt que d'apprendre du vocabulaire qui ne sert à rien, on apprendra le plus utile, c'est-à-dire *le plus utilisé*, en premier. Ceci va nous permettre non seulement de savoir quoi apprendre en premier mais aussi d'avoir en stock un vocabulaire que l'on peut effectivement employer !

Plutôt que d'apprendre du vocabulaire qui ne sert à rien, on apprendra le plus utile, c'est-à-dire *le plus utilisé*, en premier

Connaître du vocabulaire qui sert, cela permet d'avancer plus vite aussi sur la grammaire et le vocabulaire, tout simplement parce cela offre davantage d'occasions de parler et donc de pratiquer. Avec le vocabulaire le plus fréquent, on pratiquera *plus* que quelqu'un qui connait un vocabulaire moins fréquent et qui aurait donc moins d'occasion de s'en servir. Le simple fait de pratiquer plus, en se cumulant jour après jour, permet d'avancer plus rapidement.

Qui plus est, lorsqu'on débute, on ne peut pas tout faire à la fois. Alors, savoir observer les mots importants dans une conversation ou dans un texte, cela nous permettra de cibler nos efforts de concentration. Cela évite de se sentir perdu face à l'immensité de la langue !

De la même manière, même si on a les bases de la langue, en soignant les 20% de mots les plus utilisés, leur prononciation, leur utilisation, leur sens exact... on peut améliorer notre niveau dans la langue de manière drastique ! C'est la voie royale pour cibler nos efforts, être efficace et faire les choses dans l'ordre. Par exemple, si, demain, je veux améliorer ma prononciation en hongrois, j'ai davantage intérêt à me concentrer sur les mots que je prononcerai tous les jours, plutôt que sur ceux que j'emploierai une fois par semaine. Soignez votre utilisation de mots employés constamment, cela vous fera davantage briller que de placer des mots difficiles.

Une dernière remarque, évoquée lorsque nous parlions du contraste en langues vivantes... Les mots les plus courants dans une langue sont aussi généralement les plus courts. C'est assez naturel, pourquoi utiliser sans cesse un mot long s'il est courant ? Vous pouvez donc considérer avec confiance que, plus un mot est court, plus il est important. Comme, dans une langue, on arrive généralement assez tôt à distinguer la limite entre les mots, cela permettra rapidement, même à l'oral, de savoir où concentrer son attention.

1.2.1 La loi de Pareto appliquée à l'anglais

Pour illustrer cela d'exemples concrets et de chiffres, prenons l'anglais.

Le tableau suivant vous montre, pour différentes tailles de listes de mots, dans quelle proportion les 20% de mots les plus courants sont utilisés. Par exemple, la première ligne du tableau signifie que, si j'analyse comment sont utilisés 500 000 mots différents en anglais, je m'aperçois que, sur ces 500 000 mots, 20% d'entre eux sont utilisés... 98% du temps !

Corpus (en nombre de mots)	**Mots sélectionnés** (en nombre de mots)	**Taille du corpus** (en nombre d'occurrences)	**Mots sélectionnés** (en nombre d'occurrences)	Proportion d'utilisation de la sélection (en pourcentage)
500 000	100 000	404 millions	398 millions	98%
250 000	50 000	402 millions	393 millions	97%
125 000	25 000	400 millions	382 millions	95%
12 000	2 400	365 millions	305 millions	83%

Source : listes de fréquence du Corpus of Contemporary American English (COCA)

Pour mettre ces chiffres en perspective sachez que, dans un dictionnaire anglais, on trouve en général dans les 100 000 mots… et il faut bien garder en tête, évidemment, que les natifs ne connaissent pas tous les mots du dictionnaire. Pour prendre un chiffre plus représentatif : on estime qu'un élève qui sort du lycée, aux Etats-Unis, connait environ 12 000 mots différents. Cela inclut *beaucoup* de vocabulaire spécialisé, par exemple sur les mathématiques, la littérature ou la biologie. C'est-à-dire que, sur ces 12 000 mots que connait un lycée, il y a du vocabulaire qui sert dans certains contextes mais pas tous les jours et que, a priori, quelqu'un pourrait nous expliquer ces mots spécialisés exclusivement en utilisant d'autres mots plus simples.

En connaissant seulement 2 400 mots, vous connaîtriez déjà 83% de tous les mots que connait quelqu'un qui sort du lycée !

Pour revenir au tableau, ce que l'on voit ici c'est que, en connaissant seulement 2 400 mots – ce qui n'est pas beaucoup, faites-moi confiance ! – vous connaîtriez déjà 83% de tous les mots que connait quelqu'un qui sort du lycée !

Apprendre entre 2 000 et 3000 mots, cela peut se faire en deux-trois mois… Vous pourriez alors discuter de manière très confortable avec un natif !

Alors évidemment, la question est, comment choisit-on ces 2 000 ou 3 000 mots les plus importants ? On prend simplement les mots dans l'ordre de leur fréquence. Plus un mot est utilisé fréquemment, plus on a de chance de le rencontrer. C'est ce qui fait qu'on considère qu'il est important. S'il est fréquent : autant se préparer à le rencontrer! Aborder la question de la fréquence sera donc toujours une bonne chose pour organiser la manière dont on aborde et dont on digère l'information.

Ce qu'il faut voir aussi c'est que, plus on connait les mots courants, moins ils demandent d'efforts… C'est-à-dire que connaître plusieurs vocabulaires très spécialisés peut faire plaisir à l'ego… Mais tant que les mots plus simples, plus basiques, plus courants et donc plus importants ne sont pas assimilés… On sera toujours bloqué dans notre progression. La langue ne peut pas devenir naturelle sans maîtriser les mots que l'on croise sans cesse.

On peut assez facilement trouver des listes de fréquence sur Internet. Cela vous donnera une idée des priorités à donner dans la langue que vous apprenez. Le mieux, c'est bien sûr une formation qui inclut ces concepts dès le départ. Pour l'anglais, je vous dirige vers mon site BilingueAnglais.com et, pour d'autres langues, je vous encourage à effectuer une recherche dans la langue elle-même ou en anglais sur les mots « liste de fréquence » ou « frequency list ». Le mieux étant évidemment de chercher l'expression dans la langue que vous apprenez.

1.2.2 Des mots proches mais inégaux

En anglais, les deux mots les plus utilisés sont le mot « the » et le verbe être sous toutes ses formes. Pourtant, le mot « the » est *deux fois* plus utilisé que le verbe être ! Ca peut sembler fou mais c'est comme ça.

Alors, pour finir sur ce concept de listes de fréquence et l'utilité qu'il y a à faire les choses dans l'ordre, je voudrais vous présenter quelques graphiques qui montrent à quel point il y a une *inégalité* entre les mots les plus fréquents et les mots même *un petit peu* moins fréquents.

Les graphiques suivants montrent le nombre de fois qu'un mot est utilisé en anglais.

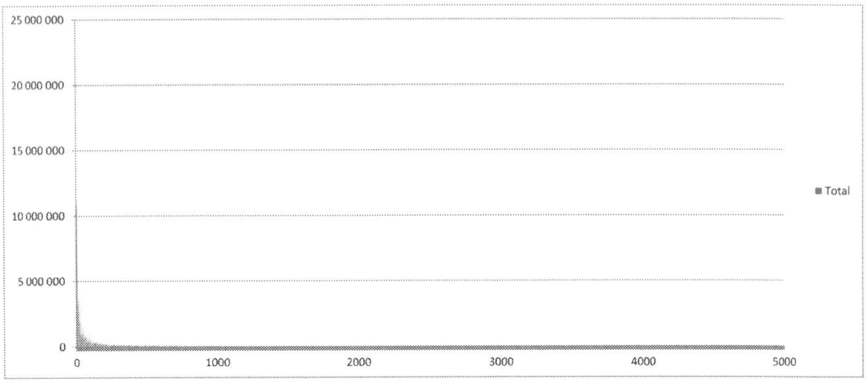

Utilisations d'un mot en fonction de sa fréquence, 5000 mots

Sur l'axe horizontal, on a les mots par ordre de fréquence (les plus fréquents à gauche, les moins fréquents à droite) et, à la verticale, on a le nombre de fois qu'un mot est utilisé. Ici, on fait juste l'analyse sur les 5 000 mots les plus fréquents... et la différence est tellement énorme entre les 100 mots les plus fréquents et les autres que l'on a du mal à voir la courbe !

Prenons un zoom de ce graphique, sur les 1 000 mots les plus fréquents, pour mieux voir :

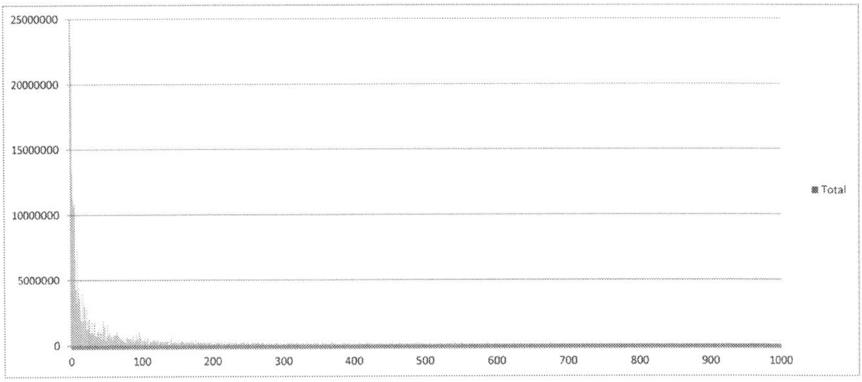

Utilisations d'un mot en fonction de sa fréquence, 1000 mots

On voit là encore qu'il y a une différence énorme d'utilisation selon qu'un mot est fréquent ou non. En somme, les 1 000 mots les plus fréquents sont énormément plus utilisés que les suivants et les 100 mots les plus fréquents sont eux aussi énormément plus utilisés que même les 900 mots suivants !

Par exemple, si vous prenez uniquement les 200 mots les plus fréquents en anglais, sachez que vous allez utiliser les 100 premiers mots *7 fois plus,* en moyenne, que les 100 mots suivants !

Si vous prenez les 5 000 mots les plus fréquents en anglais, sachez que vous allez utiliser les cent premiers d'entre eux *270 fois plus souvent* que les cent derniers! Pourtant, connaître 5 000 mots dans une langue, c'est important, ce n'est pas de trop. Mais quand même, sur ces 5 000 mots, que vous aurez tous envie de connaître un jour, certains seront utilisés 270 fois plus souvent que d'autres ! Il est clair qu'il vaut mieux prioriser l'ordre dans lequel on apprend du vocabulaire !

Donc, pour apprendre efficacement, mettez de côté pour l'instant les mots peu fréquents – et donc peu utiles – et procurez-vous une liste de fréquence dans votre langue cible. Tous les mots ne sont pas égaux, donc priorisez !

Attention ! Un petit mot d'avertissement. Ca ne veut SURTOUT pas dire qu'il ne faut pas suivre vos envies. Au contraire. Si vous êtes passionné par un domaine précis dans votre nouvelle langue, foncez apprendre le maximum sur le sujet ! Il y a de bonnes chances pour qu'il contienne beaucoup de vocabulaire spécialisé mais ce n'est pas gênant puisque c'est un vocabulaire qui vous intéresse personnellement. Prioriser le vocabulaire, ça ne veut pas dire se priver de sujets qui nous plaisent, bien au contraire, ce serait idiot. Simplement, comme il existe beaucoup de vocabulaires spécialisés différents et que la plupart ne vous serviront à rien pour l'instant, mieux vaut les laisser de côté. Du moins tant que vous ne maîtrisez pas le vocabulaire essentiel, c'est-à-dire les 2 000 ou 3 000 mots les plus courants dans votre langue. D'ici ce cap des 2 000-3 000 mots, IGNOREZ le vocabulaire spécialisé, en dehors de celui de vos passions. En agissant ainsi, vous avancerez plus vite et pourrez donc plus rapidement lire tout type de texte ou tenir tout type de conversation, en en comprenant l'essentiel et en étant capable de poser des questions claires sur ce que vous ne comprenez pas. Maîtrisez l'art d'ignorer ce qui ne vous sert pas.

Maîtrisez l'art d'ignorer ce qui ne vous sert pas

1.3 L'immersion

On vient de parler de l'art de prioriser pour apprendre des choses *utiles* et *utilisables*. Cela permet de comprendre le maximum de choses le plus tôt possible et de mettre la nouvelle langue à notre service au lieu de la subir. C'est une démarche logique.

Ce dont j'aimerais vous parler maintenant, c'est d'une démarche complémentaire qui se base sur l'intuition plutôt que la logique : l'immersion et le moyen de l'atteindre, que j'appellerai « l'abondance ».

1.3.1 La vraie immersion : une situation d'abondance

Trop souvent, apprendre une langue vivante se joue dans le cadre étroit de la salle de classe ou dans celui, artificiel, des méthodes de langue. On peut se servir de l'un comme de l'autre pour apprendre des choses : la salle de classe peut nous fournir les bases de la grammaire, les méthodes de langue peuvent nous désinhiber du fait d'entendre et de parler la langue. Tout ceci dit étant dit, ces approches ne se suffisent pas à elles-mêmes et c'est donc ailleurs que se jouent vos progrès.

Tant mieux si vous apprenez de la théorie, tant mieux si vous comprenez mieux comment votre nouvelle langue fonctionne mais, dans tous les cas, vous allez avoir besoin de contenus pour REUSSIR dans cette langue. De VRAIS contenus. Pas les contenus de manuels de classe mais des contenus *réels*, produits naturellement dans la vie de tous les jours ou bien par des natifs, pas pour enseigner leur langue, mais pour *communiquer* avec d'autres natifs !

L'immersion est une situation où tout ce qui nous entoure est dans la langue

Alors, où est la distinction entre immersion et abondance ? L'immersion est une situation où tout ce qui nous entoure est dans la langue. Idéalement, pour pratiquer, c'est ce que l'on aimerait. Seulement voilà, en langues, le terme est un peu galvaudé et ne reflète pas la réalité du terrain. On pense surtout aux séjours en supposée « immersion » ou aux départs à l'étranger. La vérité est qu'un élève qui suit des cours collectifs à l'étranger ou un expatrié parti pour le travail ne sont pas vraiment en situation d'immersion telle qu'on le voudrait. Ils sont dans le pays, certes. Et leur environnement est en principe dans la langue. Pour autant, l'immersion prévue n'est pas au rendez-vous, tout simplement parce que, dans cet univers anglophone (s'il apprend l'anglais) il ne dispose pas encore de **l'abondance** qu'il espérait. Un élève qui n'a comme camarades de classe que des étrangers eux aussi en train d'apprendre et un expatrié qui travaille toute la journée en français n'ont pas l'abondance nécessaire pour profiter de leur voyage pour apprendre.

Quelqu'un qui apprend de chez lui peut, à travers ses choix, profiter d'une abondance de contenus dans la langue

Pour ce qui nous concerne, l'immersion sera donc une situation physique et l'abondance ou, plutôt, la *mentalité* d'abondance, un état d'esprit. Quelqu'un qui apprend de chez lui peut, à travers ses choix, profiter d'une abondance de contenus dans la langue qu'il étudie. Il peut effectivement *produire* cette immersion dont on rêve pour pratiquer. Notamment, grâce à Internet et aux MP3.

Ce que l'on vise donc, pour compléter la loi de Pareto, c'est une situation d'abondance où tout faire dans la langue est accessible facilement et à tout moment.

1.3.2 Immersion et Pareto

Au passage, je tiens à insister sur le fait que s'entourer d'un langage réel et vivant n'est pas du tout contraire à la loi de Pareto évoquée plus haut. Au contraire, c'est l'occasion d'appliquer et de continuer à observer ce que l'on a appris. Ce que nous dit la loi de Pareto, c'est que certains mots sont beaucoup plus courants que d'autres et, suite logique, que se préparer à ces mots en particulier nous permet d'avancer plus vite. Cela ne dit pas qu'il faut alléger tous les contenus. Simplement, ça nous indique que, lorsqu'on ne comprend rien dans une phrase, il y a quand même, à l'intérieur, des mots plus importants que d'autres ! Appliquer la loi de Pareto ne nous dit pas de refuser le langage réel mais, simplement, à l'intérieur de celui-ci, d'apprendre *en premier*, ce qu'il y a de plus courant, de plus fréquent. On ne rejette pas le langage naturel, on le filtre, simplement, pour concentrer nos efforts sur ce qui paye.

D'ailleurs, pourquoi y aurait-il même besoin de créer des versions allégées ? En appliquant la loi de Pareto, on sait que ce que l'on a priorisé va se retrouver *naturellement* dans le langage réel. Peut-être pas à 100% mais rapidement à 85% en connaissant 2 000 mots, par exemple. Le jeu lorsqu'on apprend une langue, et ce sera l'objet de la prochaine partie, c'est, d'ailleurs d'apprendre à deviner ce que l'on ne comprend pas. Cela fait, à mon avis, partie des éléments les plus satisfaisants et les plus ludiques lorsqu'on apprend une langue. Lorsqu'on comprend 85% de l'oral, par exemple, il est assez amusant d'essayer de deviner les 15% restants.

Enfin, pour vraiment maîtriser le vocabulaire courant, encore faut-il y être confronté à travers des contenus réels. Pas des contenus allégés. L'erreur que commettent souvent les manuels, à l'école ou dans le domaine des formations en langues, est de limiter la langue au point de la rendre artificielle et ennuyeuse.

L'erreur que commettent souvent les manuels, à l'école ou dans le domaine des formations en langues, est de limiter la langue au point de la rendre artificielle et ennuyeuse

Il y a un avantage à utiliser des contenus réels où l'on ne comprend pas tout plutôt que des contenus allégés où l'on comprend tout. Il est tout simple : avec un contenu réel, on a la curiosité de comprendre davantage et peut-être même une satisfaction, voire une fascination, à jouer avec une nouvelle langue que l'on ne maîtrise pas encore mais que l'on essaye de dompter. Cela est vrai qu'il s'agisse de discuter avec des natifs ou d'utiliser des produits culturels issus du pays. Avec des contenus simplifiés, on ne tire pas la même fierté, on n'a pas la même curiosité et, tout simplement aussi, il y a un risque que le contenu soit ennuyeux tout court. Tout le monde n'est pas intéressant comme un bon ami ou un grand auteur ! Qui plus est, quel que soit votre niveau, vous aurez besoin d'être confronté à un langage réel à un moment ou à un autre. Pas à celui, artificiel, des cours de langue. Le plus tôt sera le mieux, pour vos progrès comme pour votre plaisir.

Il y a une grande fierté à tirer de se débrouiller dans une situation où l'on n'a compris que la moitié des mots. Il y en a très peu à répéter des phrases bateau dans une salle de classe ou ailleurs.

Bref. Vous avez besoin d'aller à la rencontre de votre nouvelle langue via l'immersion. Le meilleur moyen pour cela, c'est d'avoir une abondance de contenus.

Ce que j'aimerais que vous fassiez, c'est que vous vous construisiez une sorte de « bulle » dans votre nouvelle langue, faites de contenus à écouter, d'amis à rencontrer, de situations auxquelles vous confronter, et ainsi de suite. Cela vous permettra de mettre en pratique les mots que vous avez étudiés par le passé.

Pour construire cette bulle, vous avez besoin de contenus, le maximum de contenus. Tout comme on dit que l'on n'a jamais trop d'amis, on n'aura jamais trop d'amis pour apprendre les langues. Qu'il s'agisse d'amis en chair et en os que vous rencontrez, pour une soirée ou pour la vie, ou bien d' « amis » sous forme de livres audio, de chansons, de méthodes de langues multiples, pour toujours baigner dans la langue que vous êtes en train d'acquérir.

1.3.3 Les trois passages

On peut voir trois passages dans la pratique d'une langue. Ce ne sont pas des stades délimités clairement mais plutôt des phases par lesquelles passe chaque nouvel élément que l'on apprend.

Au premier passage, c'est la connaissance théorique. Vous savez que quelque chose existe et vous devriez le mettre en pratique. Par exemple, vous avez appris la liste des voyelles dans votre nouvelle langue, vous savez maintenant lesquelles elles sont, du moins sur le principe.

Au deuxième passage, c'est l'application directe de cette connaissance. Maintenant que vous être au courant de son existence, vous essayez, en faisant des efforts conscients, de l'appliquer autour de vous. C'est le stade parfois un peu scolaire de la pratique mais qui permet de gagner en aise. Pour reprendre l'exemple des voyelles, maintenant, vous essayez de reconnaître ces voyelles en écoutant et réécoutant votre professeur, ou bien des enregistrements, puis vous essayez de les prononcer vous-même.

Au troisième passage, c'est l'application de ces connaissances dans le monde réel. En gros, au deuxième stade, vous étiez dans un environnement confortable, vous aviez des roulettes, des béquilles, peu importe comment vous voulez les appeler, pour vous aider. Maintenant, vous essayez de faire cela de manière naturelle dans un environnement lui aussi naturel. Pour continuer avec l'exemple des voyelles, ce sera utiliser vos bases théoriques et pratiques pour vous améliorer vraiment, pour vous confronter à des natifs et vérifier que vous les comprenez eux aussi, pour vous confronter au monde réel et vérifier que l'on vous comprend, pour vous ajuster si besoin est.

On repasse régulièrement par l'ensemble de ces trois phases lorsqu'on apprend quelque chose de nouveau ou bien lorsqu'on révise sérieusement. Ils ont des niveaux de profondeur différents. Le premier est théorique et se sert de notre logique, le troisième est exclusivement pratique et essaye d'automatiser nos connaissances, pour pouvoir agir sans réfléchir. Entre les deux, le deuxième passage est optionnel et est surtout nécessaire si on n'a pas d'environnement sur lequel pratiquer tout de suite ce que l'on apprend. On apprend vraiment que par la pratique. Savoir sans savoir-faire n'est pas vraiment savoir. Ce deuxième stade permet de pratiquer quoi qu'il arrive et, aussi, de se désinhiber par rapport à la langue. Il est plus facile de s'entraîner à faire un nouveau son chez soi ou chez son professeur que face à des inconnus. Ceci dit, ce deuxième stade reste optionnel alors, si l'occasion de pratiquer directement sur le terrain est là, saisissez-la !

Savoir sans savoir-faire n'est pas vraiment savoir

Dans tous les cas, l'objectif final est d'être à l'aise avec du *vrai* langage. Avec le langage réel, de la rue ou du bureau, peu importe, mais un langage tel que les natifs l'utilisent.

L'astuce, sur cette phase de « vrais contenus », reste néanmoins de faire des choses que nous aimons faire. N'oubliez pas, la motivation est cruciale pour tenir la route à long terme, et le plaisir est souvent la principale clef pour rester motivé. Pour cela, il y a un petit travail de recherche et de sélection pour trouver des personnes et des contenus que l'on aime dans la langue.

Les méthodes de langue restent intéressantes pour débuter et prendre plaisir à entendre la langue, surtout si vous en avez plusieurs pour varier lorsque l'une d'entre elle devient clairement trop répétitive.

Il y a évidemment un moment où vous allez en avoir assez d'entendre pour la n-ième fois comment commander un café… ! Peu importe si c'est dans une nouvelle méthode. Les rapports humains vont – heureusement ! – plus loin que l'action de commander une boisson ou de réserver une chambre d'hôtel ! Vous aurez donc besoin de faire le nécessaire dans votre environnement pour satisfaire votre besoin de parler un langage vrai. Est-ce que vous avez assez d'amis qui parlent la langue ? Est-ce que vous voyagez assez ? Est-ce que vous avez des ouvrages fétiches dans la langue ? Sinon, il faudra travailler cela et c'est davantage un sujet d'organisation que de langues vivantes.

Le besoin de parler un langage réel, vivant, ne vient pas uniquement de la pédagogie, ce n'est pas juste une question d'efficacité. C'est aussi une question et un besoin de trouver des gens et des contenus auxquels s'identifier dans la nouvelle langue. Qui se ressemble s'assemble et vous aurez besoin de sculpter, petit à petit, un univers à votre image dans la nouvelle langue.

Gardez en tête que la clef de l'immersion c'est de disposer d'une abondance de contenus, au sens large (contacts, ouvrages, audio) dans votre nouvelle langue. Cette immersion, réelle, réalisée, vous aidera à tirer davantage de progrès et de fierté de vos efforts, tout en vous construisant un univers bien à vous dans la langue.

1.4 Réaliser des performances

La recherche systématique de la performance pour briller dans le regard des autres, c'est vain, on en a parlé dans la première partie. Vu qu'apprendre a toujours un prix sous forme d'efforts, que cela coûte en énergie, il vaut mieux mettre cette énergie en soi dans un amour du travail bien fait plutôt que de la perdre à s'inquiéter d'être à la hauteur. Ca, c'est pour le côté négatif du mot performance, surtout sa recherche.

Maintenant, une « performance », en tant qu'acte, pas en tant que résultat, c'est quelque chose de très positif. Réaliser ou exécuter une performance, comme un artiste, c'est montrer ce dont on est capable. Pas pour se juger ou être jugé par autrui mais, simplement, parce que c'est bon de se confronter à la réalité. Cela permet non seulement de voir où on en est mais de concentrer ses efforts sur un instant et d'y prendre plaisir. C'est bon de tout mettre de côté et de faire les choses pleinement sur un laps de temps délimité. C'est souvent le sens du mot lorsqu'on parle de performance artistique ou sportive par exemple. Le fait de montrer ses capacités de manière vivante. Pas pour les juger mais pour s'en servir, simplement parce qu'elles sont là.

Réaliser une performance : montrer ses capacités de manière vivante

Imaginez un comédien qui monte sur scène face à une salle comble. Imaginez un musicien qui prend sa guitare et se met à jouer devant un public. Pensez à un sportif sur la ligne de départ, prêt à courir. Ces moments ont une valeur forte. Ce sont de bons moments. Intenses. C'est l'entraînement qui nous y amène mais, sur le moment, c'est assez excitant, on oublie tout le reste et cela construit la confiance en soi.

La même chose en langues. Approcher des inconnus avec le plaisir de parler, de faire résonner nos mots, nos phrases, tout ce que l'on a appris… Le plaisir d'interagir, de faire les choses « en chair et en os ». Le plaisir des réactions aussi mais, en premier lieu, le plaisir d'être dans l'action, dans le moment présent… C'est une bonne manière d'utiliser votre nouvelle langue régulièrement !

Prenez donc soin de vous aménager des performances ou des mini-performances de ce type. Ce sont de bons moments de vie. Apprendre de manière studieuse ou à travers des contenus est efficace mais il n'y a rien de comparable au fait de se confronter à la réalité ! Imaginez-vous avec des natifs, sur le point d'aborder des inconnus pour parler. Evoquer le sujet crée peut-être une petite tension en vous… Est-elle positive ou négative ? Entre la peur et l'excitation, il n'y a qu'un pas. Ce sont deux facettes d'une même pièce. Pour que la pièce tombe du bon côté, il s'agit d'abord de se détacher du résultat. Vous apprenez pour vous et vous agissez gratuitement, parce que vous avez envie de parler.

Il y a quelques minutes, on parlait de l'importance de se confronter à de vrais contenus, pas juste à de la théorie ou à des mises en jambe, mais à de vraies situations, bien réelles. C'était la troisième étape. Le temps que vous consacrez à cette étape vous rend vraiment fort dans votre langue. Cela crée de l'expérience en vous, à tous les niveaux. Vocabulaire, écoute, grammaire, naturel… Cette idée de performance, comme un artiste ou un sportif, est le prolongement de tout cela. De temps en temps, prenez juste plaisir à agir, à parler avec des natifs, en personne ; sans étudier, sans réfléchir, sans calculer ce que vous faites ou vous demander si vous faites des erreurs. Simplement, utilisez ce que vous savez dire : prenez plaisir à parler naturellement et appréciez le fait de discuter avec un natif. Ce genre de démarche ou mini-événements jalonnera votre parcours et construira de bons souvenirs tout en développant votre confiance en vous et dans la langue.

Fiche-synthèse : démarrer intelligemment

Exercice 1 – Votre point de départ

J'aimerais que vous répondiez aux quelques questions suivantes. Elles vont vous aider à vous rendre compte du chemin parcouru dans quelques mois, voire semaines.

	Date 1	Date 2	Date 3
Combien avez-vous d'amis qui parlent votre langue cible ?			
Combien de fois par jour faites-vous quelque chose dans la langue ?			
Combien d'heures par semaine faites-vous des choses dans la langue ?			
Combien de mots connaissez-vous dans la langue ?			

Vous pouvez prendre en compte dans vos réponses des connaissances autant que des amis (écrivez par exemple « 3-20 » si vous avez 3 bons amis qui parlent la langue et vingt connaissances). Prenez aussi en compte des activités aussi simples que de rechercher une information sur Internet ou écouter une chanson dans la langue. Pour l'estimation du nombre de mots, procurez-vous une liste de fréquence (« frequency list ») dans votre langue cible et parcourez-la jusqu'à trouver une dizaine de mots que vous ne connaissez pas.

Renseignez ce tableau maintenant puis de nouveau dans 3 mois puis 6 mois. Je vous conseille aussi d'y répondre mentalement de temps à autre pour suivre vos progrès.

Exercice 2 – Créez l'immersion et pratiquez

Créez une collection de contacts et de contenus dans votre langue cible. Le fait que vous ne compreniez pas tout pour l'instant n'a pas d'importance. L'important est que vous ayez de quoi baigner dans votre nouvelle langue.

Trouvez **entre 3 et 7 éléments** dans chacune des catégories suivantes :

- ☐ **Amis natifs** qui parlent la langue.
- ☐ **Lieux** où rencontrer des personnes qui parlent votre langue (centre culturel, association à but non lucratif, soirées d'expatriés, bars).
- ☐ **Livres illustrés** (livres pour enfants, bandes dessinées, dictionnaire visuel)
- ☐ **Méthodes de langue**, de préférence sans français (avoir du français dans le livre qui accompagne est normal mais en avoir dans le CD ou les MP3 à écouter n'est pas une bonne chose).
- ☐ **Livres de grammaire** (au moins un bon livre très clair + un livre de conjugaisons si la langue l'exige).
- ☐ **Livres audio** (vie pratique ou romans).
- ☐ **Livres papier** (vie pratique ou romans).
- ☐ **Forums** sur une de vos passions, dans la langue.
- ☐ **Salon de discussion** sur Internet sur une de vos passions, dans la langue.
- ☐ **Newsletters** dans votre nouvelle langue, auxquelles vous abonner, sur certains de vos hobbies.

Ceci risque de vous sembler un budget et c'est effectivement un élément à prendre compte. Mettez votre argent en priorité dans ce qui exige une information fiable et difficile à trouver. Consacrez aussi une partie de votre budget loisir à cela puisqu'apprendre une langue doit être cela aussi.

Pour ce qui est de se faire des connaissances puis des amis dans la langue, voyez la partie *Bien s'entourer* (chapitre 5.5). Utilisez Internet dans votre nouvelle langue pour trouver les contenus indiqués et faites-vous aider par votre professeur. Notez que les librairies en ligne à l'étranger sont une bonne ressource pour commander certains de ces produits.

Prenez une heure ou deux pour vous procurer ces divers éléments. Commencez dès maintenant.

CHAPITRE 2
LES MOYENS EXISTANTS

Je voudrais faire le tour ici de quelques idées reçues sur la manière d'apprendre les langues pour vous épargner de tout tester par vous-même jusqu'à trouver ce qui fonctionne. Je vous encourage à tester en fonction de vos goûts mais pas à travailler de manière stérile. Cette partie va vous aider à gagner du temps quelles que soient les conditions dans lesquelles vous apprenez votre nouvelle langue.

2.1 Apprendre de chez soi ou à l'étranger

Est-ce qu'on a *besoin* de s'expatrier pour apprendre une nouvelle langue ? La réponse courte : NON ! Il n'y a PAS besoin d'aller à l'étranger pour apprendre une nouvelle langue et la maîtriser.

Maintenant, la question inverse. Est-ce qu'il *suffit* de s'expatrier pour apprendre la langue ? La réponse courte : NON, non plus !

De nos jours, la technologie nous permet de nous créer une bulle entièrement dans notre langue cible et de pratiquer comme si nous étions dans le pays. A vrai dire, ça peut être préférable de commencer comme cela, notamment si c'est notre première seconde langue ou si voyager n'est pas souhaitable pour l'instant.

Le mythe comme quoi il suffit de partir à l'étranger sans rien connaître et l'on va revenir bilingue, est juste cela, un mythe. Il y a sûrement des personnes qui arrivent à le faire mais c'est l'exception, pas la règle. L'histoire habituelle de la personne qui part à l'étranger sans connaître la langue, c'est qu'elle est totalement déconnectée, qu'elle a le mal du pays et qu'elle se retrouve à passer tout son temps avec des expatriés. Elle revient généralement surtout alcoolique !

Cela signifie qu'il n'y a aucune solution automatique. Apprendre de chez soi ou de l'étranger, les deux sont possibles et aucune d'entre elles ne garantit le succès – ni l'échec ! Les deux présentent des avantages et des inconvénients et

Apprendre de chez soi ou de l'étranger, les deux sont possibles et aucune d'entre elles ne garantit le succès – ni l'échec !

elles ont un point commun aussi : peu importe où vous vous trouvez, pour apprendre, vous avez besoin d'être entouré par la langue tous les jours.

Le mieux sera donc de suivre vos envies – choisissez la situation qui vous attire le plus – tout en suivant une méthode qui fonctionne. L'efficacité de chaque situation dépend de votre niveau et de vos facilités avec les langues. Vous pouvez développer votre don des langues et vous rendre à l'aise aussi bien en apprenant de chez vous qu'en vous expatriant.

Ce qui joue aussi, c'est le fait qu'il s'agisse d'une première langue ou non.

Concrètement, si vous vous retrouvez, par exemple, en Chine et que vous ne parlez pas anglais, alors, vous aurez besoin de trouver un professeur de chinois qui parle le français. C'est sûrement possible mais cela réduit vos options. C'est pour cela que je recommande en général d'apprendre et de maîtriser l'anglais en premier. Tout simplement parce que cela vous crée des options pour apprendre d'autres langues et voyager.

Il y a un stade où vous n'aurez plus besoin de votre langue natale pour apprendre votre nouvelle langue. En attendant, tant que vous ne maîtrisez pas les bases et tant que vous n'êtes pas capable de parler *de* votre nouvelle langue *en* utilisant votre nouvelle langue… Par exemple, si vous apprenez le chinois, tant que vous n'êtes pas capable de parler de grammaire ou de parler de la langue en général uniquement en chinois… Eh bien, il vaudra mieux avoir accès à des explications claires et exhaustives dans votre langue natale ou bien dans une langue que vous maîtrisez. Sans cela, vous allez être privé d'explications très utiles et vous serez aussi limité qu'un enfant pour apprendre. Vous ne pourrez pas profiter de toutes vos connaissances et votre intelligence d'adulte. Cela risque de vous faire perdre des années et, perdre des années, en langues, cela revient généralement à abandonner.

Voyons les avantages et inconvénients des deux situations :

	Apprendre de chez soi	Apprendre de l'étranger
Avantages	Confort Facile de trouver des cours dans sa langue natale	Occasions permanentes de pratiquer Le besoin crée la motivation
Inconvénients	Difficile d'échapper à sa langue natale Besoin de créer sa propre motivation	Peu d'explications en français (livres et professeurs) Risque de solitude Risque de ne pas échapper à sa langue natale (travail)

Au final, chaque situation est utilisable pourvu de prendre en compte ses avantages et ses inconvénients. Si vous avez une soif d'aventure et de voyage, foncez !!! Prenez simplement soin d'emporter avec vous toutes les explications dont vous aurez besoin. Préparez-vous au pire, surtout si c'est la première langue étrangère que vous apprenez : si vous ne trouvez pas de professeur francophone, vous avez besoin d'avoir accès à des ressources que vous comprenez pour vous expliquer la grammaire, la phonétique et le vocabulaire de base. Pensez à cela avant de partir.

2.2 Les méthodes de langue et les cours de langue

J'essaye de ne pas être dogmatique. On a tous des personnalités différentes et des préférences au niveau des styles d'apprentissage. Par exemple, je ne recommande pas les listes de vocabulaire mais si quelqu'un arrive à s'en servir d'une manière bénéfique (et je suis sûr qu'il y a certains contextes où cela est possible), je suis de tout cœur avec lui et curieux d'en savoir plus. Ceci étant dit, je suis aussi pragmatique et il y a un moment où il faut bien constater ce qui ne fonctionne pas et est même parfaitement trompeur. D'ailleurs, généralement, plus quelque chose est gros, installé, moins c'est remis en cause ou, au minimum, plus c'est difficile à changer. Dans ce registre, il y a une chose ou deux à dire sur les méthodes de langue et les cours de langue.

2.2.1 Les méthodes de langue

Les méthodes de langue, ce sont les livres accompagnés d'une version audio ou les produits 100% audio qui sont censés vous enseigner la langue.

La pierre de Rosette

Est-ce que vous vous rappelez de la pierre de Rosette ? Vous savez, cette pierre découverte en Egypte et qui a permis de déchiffrer les hiéroglyphes. Elle a permis de déchiffrer les hiéroglyphes parce qu'un texte était gravé à sa surface en deux langues : l'égyptien ancien et le grec ancien. Comme le texte était bilingue, les savants de l'époque ont pu deviner le sens des hiéroglyphes, en partant du sens du grec ancien, langue qui était connue. Alors ça fait une très jolie histoire, qui évoque le mystère et l'aventure, et cela a permis de comprendre une langue jusque-là indéchiffrable. Ceci étant dit, est-ce la meilleure manière d'apprendre une langue ?!

Je vous pose la question parce que beaucoup de méthodes de langue sont coupables de n'être pas beaucoup plus qu'une pierre de Rosette. Un texte dans la langue cible à gauche, un texte en français à droite… et puis le travail à votre charge : sauter d'une page à l'autre pour comprendre qui est quoi au niveau de la phrase. Les mots ont-ils gardé le même ordre d'une langue à l'autre ? Quel mot a le rôle de quel autre ? Quels mots disparaissent purement et simplement ? C'est un travail particulièrement dur au début face à une langue où l'on ne comprend RIEN parce que la prononciation et l'écriture sont totalement différentes. Cela reste attrayant parce que, au final, on cherche bien à comprendre notre nouvelle langue et un ouvrage bilingue, comme une pierre de Rosette, permet cela… Ceci dit, non seulement ce n'est pas le plus efficace parce qu'on passe son temps à sauter d'une langue à l'autre, mais c'est aussi gourmand en temps parce qu'il faut faire le lien entre les mots de chaque langue. Qui plus est, vous passez votre temps à être interrompu par votre langue natale, au lieu de vous concentrer sur la nouvelle langue. Cela donne un cycle… « Je lis le texte original… Je cherche à comprendre… Si je ne comprends pas je cherche quel est le mot correspondant sur la page en français… Je réfléchis au français… Je retourne au texte d'origine… puis je recommence l'ensemble ! ». A un moment vous avez l'esprit occupé par la nouvelle langue, à un autre par votre langue natale, et à un autre par le fait de chercher comment raccorder les deux textes. Bref, cela revient à être interrompu en boucle. Changer de tâche tout le temps n'est pas efficace pour accomplir beaucoup de travail, en plus d'être désagréable. C'est loin d'être idéal.

Le mieux, pour apprendre une langue vivante, est de tout faire dans la langue et d'avoir des *explications*, pas des traductions – attention, ce n'est pas la même chose – pour nous aider à comprendre. La pierre de Rosette ne correspond pas à ce profil.

Notre but, c'est de prendre ce qui marche. Les ouvrages bilingues sont mieux que rien parce qu'ils vous habituent à la langue, ils vous font apprendre de petites choses et vous avez toujours la possibilité d'abandonner le texte français. Ceci dit, on peut mieux faire. Gardez-les quand même sous le coude, achetez-en même, parfois c'est le seul type de méthode disponible, et profitez-en pour voir un peu plus de contenus dans la langue et vous créer cette « bulle », cette immersion que l'on recherche… Simplement, ne comptez pas dessus pour vous permettre de tout apprendre et méfiez-vous de l'ennui. Si vous vous ennuyez, mettez cela sur le dos de vos activités ou de la méthode avant de le mettre sur le dos de la langue en question ! Il existe des manières sympas d'apprendre !

Si vous vous ennuyez, mettez cela sur le dos de vos activités ou de la méthode avant de le mettre sur le dos de la langue en question !

Impossible

Ensuite, toutes les méthodes de langue ne sont pas des ouvrages bilingues. En revanche, elles ont toutes la même promesse : quand vous aurez fini d'utiliser la méthode, vous parlerez couramment la langue. Alors, tout simplement, et pourtant je suis un optimiste de nature : c'est impossible !

Il est impossible d'apprendre une langue vivante avec UNE méthode de langue. OK, peut-être que si vous passez en mode Champollion à tout analyser pendant des heures et des heures, ou bien que vous passez en mode psychopathe et que vous mémorisez chaque phrase PAR CŒUR en vous imaginant une situation bien réelle où l'utiliser et que vous faites tout cela pendant des heures… OK… Peut-être qu'il devient possible de connaître tout ce qui est dans la méthode et de pouvoir l'utiliser. Peut-être… Seulement, voilà, pourquoi faire les choses de manière si éprouvante et pourquoi prendre le risque d'échouer?

Les méthodes qui vous disent que vous parlerez couramment la langue après les avoir finies, c'est faux. C'est du marketing.

Je ne dis pas de ne pas utiliser de méthodes de langue, au contraire, je peux en recommander certaines très agréables, qui mettent à l'aise et vous aident à vraiment mémoriser ce que vous y apprenez… Seulement voilà, elles ne sont jamais assez complètes pour que vous puissiez parler couramment ou bien, à l'inverse, elles sont trop denses et cela devient indigeste. Là-dessus, j'utiliserai l'analogie du dictionnaire : prenez un dictionnaire bilingue, apprenez tout par cœur et, oui, sur le principe, vous parlerez la langue !... Cela ne reste qu'un principe.

D'abord, ne vous reposez pas uniquement sur les méthodes de langue et reconnaissez qu'il faudra en acheter plusieurs pour en profiter au maximum.

Ensuite, voyez que vous aurez besoin d'enrichir votre apprentissage d'éléments supplémentaires pour parler couramment et pour devenir autonome avec votre nouvelle langue. Beaucoup d'éléments dont vous aurez besoin ne sont pas vraiment disponibles à la vente. J'essaye de couvrir toute la partie mentale et logistique avec ce livre mais il y aura aussi les actions à prendre comme de se créer un réseau et de trouver des contenus, de *vrais* contenus (pas des méthodes de langue), appropriés.

2.2.2 Les cours collectifs

Il y a deux types de cours de langues : les cours de langue collectifs et les cours de langue individuels.

Je vous déconseille l'usage des cours de langue collectifs. Les années passées à l'école, en langues, sont généralement une perte de temps. Les gens parlent à peu près autant la langue la première année de cours que la dernière. Le réflexe pour apprendre c'est souvent de retourner sur les bancs de l'école, et ça peut évoquer de bons souvenirs, mais, en langues, ça ne fonctionne pas. Mettez votre temps, votre argent et même vos relations sociales ailleurs, en tout cas pour les langues vivantes. Apprendre en cours collectif ne permet pas d'apprendre une nouvelle langue. Entre le manque de temps de parole, l'absence de natifs et, si vous êtes expatrié, le risque très fort de passer tout son temps avec d'autres expatriés, c'est une perte de temps. Cela pourrait fonctionner pour apprendre la grammaire, si vous êtes motivé par le sujet, ce qui n'est pas forcément évident, mais vous pouvez couvrir la grammaire aussi vite en choisissant un bon ouvrage spécialisé à destination des gens qui apprennent. (Dans ce cas-là, feuilletez le livre et choisissez un livre qui privilégie le côté pratique ou communicatif de la grammaire, évitez ceux qui ont l'air de s'adresser à des professeurs de grammaire ou à des linguistes.) Je ne vais pas m'étendre sur le sujet des salles de classe parce que je l'ai pas mal couvert par ailleurs. Je vous invite à visiter mon site web, BilingueAnglais.com, si vous désirez des contenus sur le sujet et des suggestions pour corriger le problème de l'enseignement des langues en cours collectif.

Les seuls cours collectifs que je vois porter leurs fruits, ce sont les cours en petits groupes (3-4 personnes) qui se focalisent sur l'expression orale. Avec une bonne méthodologie, cela permet de parler beaucoup, de se désinhiber et effectivement – c'est une bonne chose – de commencer à parler avec naturel. Ceci dit, c'est cher et, à moins d'y dépenser une fortune, cela ne vous amènera pas jusqu'au point où vous parlez couramment. Mais au moins, cela porte ses fruits, donc pourquoi pas, à vous de voir. Personnellement, je préfère utiliser une autre méthode et me servir de cet argent pour des voyages.

2.2.3 Les cours particuliers

Pour les cours particuliers, le mieux est d'arriver motivé pour apprendre et avec du temps pour faire tout ce que vous attendez d'un cours payant. Soyez prêt à poser toutes vos questions à votre professeur (c'est le vôtre !) et, aussi, à puiser ce que vous désirez vraiment de ces cours. Soyez clair sur ce point. Est-ce que vous voulez discuter ? Est-ce que vous voulez des pistes précises à suivre ? Est-ce que vous voulez des explications sur un point de grammaire ? Est-ce que vous voulez de l'aide pour écrire un texte ? Le mieux est généralement de pouvoir utiliser ces cours pour discuter librement en vous faisant corriger. C'est aussi un très bon cadre pour réviser vos connaissances en grammaire et les éclaircir. Personnellement, je vous conseille plutôt d'apprendre la grammaire en dehors du cours et d'utiliser vos cours pour vous confronter à des situations réelles et voir où vous en êtes.

N'hésitez pas à essayer ou même à avoir plusieurs professeurs pour trouver le ou les bons. Vous devez être heureux d'aller voir cette personne et ressortir de là plein d'énergie! Cela peut sembler du luxe d'avoir plusieurs professeurs particuliers mais cela peut en valoir la peine. Ce sera toujours bien moins cher que dans un institut. Dans certains pays, ce ne sera pas très cher et cela vous permet de profiter de plusieurs styles d'enseignement. En langues, le mieux est de travailler sous plusieurs angles à la fois. Avoir plusieurs méthodes que l'on apprécie aide à cela.

CHAPITRE 3
FAIRE FACE A L'INCONNU ET REUSSIR

Ce qui constitue quelqu'un de doué en langue, c'est non seulement son attitude, sa compréhension du langage en général, sa mémoire et sa capacité à s'organiser mais c'est, aussi, sa capacité à faire face à du langage qu'il ne connait pas. Imaginez… Vous êtes face à un livre, face à un natif, en train d'écrire un message ou bien encore au téléphone… Et quelque chose apparait que vous ne connaissez pas. Qu'est-ce que vous pouvez faire, sans passer votre temps dans le dictionnaire ?

Le dictionnaire est une bonne chose mais, tout simplement, on n'en a pas toujours un sur soi et, quand bien même ce serait le cas, on n'a pas *envie* de passer son temps, constamment, dans le dictionnaire ! Il y a aussi les situations où l'on n'en entend même pas clairement ce que l'on essaye de comprendre et on ne peut donc pas l'écrire et le rechercher !

Notez aussi que, bien souvent, ce que l'on pense ne pas connaître est en fait juste quelque chose que l'on connait mais que l'on n'a pas reconnu, par exemple en raison d'un contexte ou d'un accent nouveau, ou juste parce que c'est quelque chose que l'on a appris récemment. Dans tous les cas, ce que l'on va vouloir, c'est avoir une série de techniques, comme une boîte à outils, qui nous aideront : soit à mieux reconnaître ce que nous connaissons déjà, même si ce n'est pas encore solide dans notre mémoire, soit à deviner le sens de ce que nous ne connaissons pas du tout.

Le but, ici, est de vous donner tous ces outils pour que vous puissiez apprendre et pratiquer une nouvelle langue tranquillement sans passer tout votre temps dans le dictionnaire.

Il y a plusieurs situations où on se retrouve face à l'inconnu, on peut citer :

Comprendre un son.

Comprendre un mot.

Comprendre une expression.

Comprendre une phrase.

Exprimer une idée nouvelle (c'est-à-dire, pour laquelle on n'a pas encore de mots).

Déjà, il sera bon d'identifier ce qui nous pose problème. Il peut y avoir plusieurs éléments qui nous perturbent mais notre rôle est de trouver l'élément qui nous gêne le plus, le goulot d'étranglement si vous voulez. Par exemple, peut-être que l'on comprend à peu près la phrase mais qu'un mot ou deux sont flous et, dans l'un de ces mots, ce qui le rend flou, est que l'on n'est pas certain d'avoir bien entendu une de ses voyelles. C'est juste un exemple mais, souvent, lorsqu'on a un doute sur plusieurs parties de la phrase, éclaircir un de ces doutes permet d'éclaircir le reste aussi. C'est comme un puzzle. C'est toujours plus facile de poser les dernières pièces que les premières.

Une fois que nous avons identifié ce maillon faible, on peut utiliser des techniques pour comprendre le sens de ce que l'on ne connait pas. Dans les grandes lignes, il n'y a vraiment que deux outils. Toutes les autres techniques en seront dérivées. Il s'agit de :

- **Morceler**. C'est rendre ce à quoi on fait face plus digeste, en le découpant en éléments simples.

  et

- **Interpoler ou extrapoler**. C'est deviner le sens de ce que l'on ne connait pas encore, grâce à ce que l'on connait déjà.

Morceler consiste à se simplifier la vie en décomposant la situation, pour la rendre abordable, accessible. Cela se fonde sur *notre logique.*

Interpoler ou extrapoler consiste surtout à imaginer ce qu'un mot, une expression ou une phrase peut vouloir dire. Cela puise dans *notre intuition.*

Morceler **- Rendre ce à quoi on fait face plus digeste, en le découpant en éléments simples**	***Interpoler ou extrapoler*** **- Deviner le sens de ce que l'on ne connait pas encore, grâce à ce que l'on connait déjà**

Voyons maintenant ces techniques dans le détail. Soyez attentif car elles vous permettront des gains de temps considérables et, si vous apprenez plusieurs langues, elles vous accompagneront pendant des années. Enfin, en plus de vous aider à comprendre ou deviner, ces techniques vous aideront à mieux mémoriser.

Voici notre boîte à outils pour gérer l'inconnu :

- Décomposer les mots : suffixes et fonction
- Décomposer les mots : racine et étymologie
- Décomposer les mots : préfixes
- Décomposer les mots : mots composés
- Utiliser le contexte : deviner le sens d'un mot
- Utiliser le contexte : deviner le sens d'une expression

Découvrons maintenant chacun de ces outils.

3.1 Décomposer les mots : introduction

Si vous ne deviez retenir qu'un seul type de technique pour être bon en langues, c'est celui-ci : décomposer les mots pour mieux les comprendre et mieux les digérer. Ce que j'appelle « digérer », en langues, c'est la capacité à faire face à une certaine quantité de langage en étant sûr d'en retirer quelque chose, en étant sûr d'apprendre, pas juste subir. Parfois, on vous donne des mots trop compliqués ou trop nombreux et ce n'est tout simplement pas gérable... En décomposant les mots, ils deviennent tous faciles à appréhender.

En ce faisant, vous allez aussi mieux deviner les mots inconnus, mieux comprendre les mots nouveaux et tout mieux mémoriser.

3.1.1 Suffixes et fonction du mot

Première manière de décomposer les mots : à travers leur fonction. C'est la technique la plus utile pour un mot que vous ne connaissez pas. Quelle est sa nature au niveau de la grammaire ? Cela nous permet d'en déduire sa fonction et donc son rôle au niveau de la phrase. On peut comprendre à quoi sert un mot sans comprendre son sens exact, c'est déjà mieux que rien et cela augmente les chances de comprendre le reste.

Souvent, c'est le suffixe du mot qui permettra de répondre à toutes ces questions.

Cela revient à détecter si le mot est un adverbe, un adjectif, un nom, un verbe et à quelle forme et ainsi de suite.

Par exemple, en français, les adverbes, qui servent à apporter des informations supplémentaires sur un verbe ou une action, se terminent généralement par le suffixe « -ment ». « Lentement », « rapidement », « intelligemment », etc. Ce n'est pas systématique, par exemple, « vite » est un adverbe, mais c'est un motif facile à observer. En anglais, les adverbes se terminent généralement par le suffixe « -ly ». « Slowly », « quickly », « intelligently » et ainsi de suite.

Prenons d'autres exemples sur d'autres types de mots.

En anglais, les noms se terminent assez souvent par le suffixe « -ness ». « Consciousness », « happiness », « boldness »… Remarquer ceci vous aide à simplifier le langage. Au lieu de mots longs ou compliqués, vous avez simplement l'assemblage de deux briques. Si vous comprenez les deux parties du mot, vous comprenez le mot en entier et, si vous ne comprenez pas le début du mot, vous savez au moins que vous êtes face à un nom (et pas face à un adjectif, ni un verbe, etc.). Notez que, dans cet exemple, avec le suffixe « -ness » en anglais, la partie de gauche du mot est généralement un adjectif. Ca veut dire que, bien souvent, lorsque l'on connait un adjectif, on connait aussi le nom qui en est dérivé ou bien, en sens inverse, apprendre un nouveau mot qui se termine par « -ness » permet d'apprendre un nouvel adjectif.

Il y a d'autres exemples et le but n'est pas de faire une liste exhaustive. Citons quand même le fait que beaucoup de noms se terminent en « -ion » ou en « -ure » en anglais et en français. Par exemple, « décision », « action »,

« partition » ; « fourniture », « voiture », « fourrure ». Votre rôle est de remarquer le même type de motifs dans votre langue cible.

En faisant, dans votre langue cible, la liste des terminaisons courantes pour les noms, les adverbes, les adjectifs, les comparatifs et les verbes, et en étant capable de détecter tous les mots de fonction (les prépositions, les conjonctions, les déterminants), vous serez déjà capable de comprendre le rôle de CHAQUE mot dans la grande majorité des phrases. Reconnaître la fonction des mots, c'est le premier élément pour avoir une connaissance intuitive, naturelle, de la grammaire. Ca ne veut pas dire connaître chaque terme de grammaire, ça veut simplement dire savoir qui est qui, qui fait quoi, dans chaque phrase. C'est une manière de filtrer.

Une remarque sur les verbes : dans beaucoup de langues (en somme, dans toutes les langues où il y a un peu de conjugaison) la terminaison des verbes change constamment. Par conséquent, si la terminaison d'un mot vous semble ne rentrer dans aucune des catégories que vous connaissez, il y a de bonnes chances pour qu'il s'agisse d'un verbe. A ce moment-là, votre rôle sera de détecter la racine du verbe pour simplifier le mot en un ensemble « racine du verbe » + « terminaison ». Par exemple, en français, « je comprends », « tu avais compris », « il comprendra », « nous comprendrions », « vous compreniez », « ils comprirent » sont autant de formes différentes... Pour quelqu'un qui débute le français, cela fait beaucoup de choses à la fois. Ce sera la même chose si vous apprenez une langue aux conjugaisons assez nombreuses comme l'espagnol ou le hongrois. La première étape consiste donc, assez naturellement, à être capable de détecter la racine du mot. Vous ne pouvez pas retenir toutes les conjugaisons en une fois mais vous pouvez retenir *beaucoup* de racines de mots et leur sens, très rapidement.

3.1.2 Racine du mot et étymologie

L'étymologie, c'est la science d'étudier l'origine des mots.

Par exemple, le mot « décider » vient du latin où il signifie « trancher » ou « découper ». C'est peut-être un peu surprenant mais cela a du sens. Lorsqu'on décide, on réalise effectivement une sorte de coupure entre ce que l'on fera et ce que l'on ne fera pas. On voit encore cette image dans beaucoup d'expressions qui ont le sens de « décider » comme : « faire la part des choses » ou «j'ai tranché » pour dire « j'ai décidé ». Ce sens d'origine, très pragmatique, est devenu une image qui, elle, est restée, même si on n'a plus conscience de son origine.

Voilà pour l'étymologie, cela va vous aider à voir les liens de parenté entre les mots et leur composition.

Ensuite, la racine d'un mot. La racine d'un mot, c'est son composant principal. C'est la partie du mot qui nous indique un sens de base, que l'on ne peut pas réduire, que l'on retrouve ailleurs et qui est souvent aussi la partie du mot la plus ancienne du point de vue de l'étymologie. Tout comme la racine d'un arbre est son point de départ, sa partie la plus ancienne, de laquelle a poussé tout le reste... Les racines des mots sont les parties les plus anciennes des langues, d'où ont poussé tous les autres mots ou presque.

Par exemple, dans le mot « emporter », la racine est « porter ». C'est vraiment simple ! Cette racine, « porter », a donné naissance à beaucoup d'autres mots. Ce qu'il y a d'intéressant à remarquer, c'est que ce phénomène de donner naissance à beaucoup de mots différents à partir d'une même racine existe dans beaucoup de langues. Pour les langues proches du français, vous retrouverez même bien souvent les mêmes racines. Pour d'autres langues, il n'y aura pas de lien avec le français mais il y a de bonnes chances pour que le phénomène des racines soit toujours présent et vous aide à mieux observer la langue.

Comparons le français, l'anglais et le hongrois pour illustrer tout cela. En français, on a le mot « télécharger ». Si on le décompose, cela nous donne « télé », qui vient du grec et signifie « à distance » et « charger » qui a un sens évident pour nous. Pour la petite histoire, à l'origine, « charger », cela signifiait « mettre sur un char ». Ensuite, en anglais, pour le même sens, on a le mot « download ». Si on le décompose, cela nous donne « down », qui signifie « vers le bas » mais que l'on peut voir ici comme voulant dire « vers soi » et « load », qui signifie « charger ». En hongrois, on a le mot « letölt ». Si on le décompose, cela nous donne « le », qui signifie « vers le bas » et « tölt », qui signifie « remplir ». On voit que, dans les trois langues, bien que les racines soient toutes différentes, on a des constructions similaires.

On pourrait remarquer que « download » est un mot d'invention récente et que les mots français et hongrois se sont calqués dessus. C'est une bonne remarque et c'est en fait ce qui en fait un exemple facile à utiliser. Ceci dit, d'une part, on retrouvera le même genre de constructions en parallèle sur des mots plus anciens aussi. D'autre part, ce qui nous intéresse, c'est de voir que des racines bien précises, *qui sont limitées en nombres*, donnent naissance à énormément de mots facilement compréhensibles dès lors que l'on comprend le sens de la racine. Par exemple, en français, on a « charger », « recharger », « décharger », « chargement »... Ils n'ont pas tous le même sens mais ils sont tous liés à une même idée. Une fois que l'on connait le sens de la racine, connaître le préfixe ou le suffixe suffit souvent à comprendre le mot, souvent même on peut *deviner* le sens du préfixe ou du suffixe. En anglais, on a « load », « reload », « unload », « loading », « upload »... Même remarque que pour le français. Tous ces mots sont liés à l'idée de charger et il suffit de connaître quelques préfixes ou suffixes pour les comprendre entièrement. En hongrois, on a « tölt », « újratölt », « töltés », « töltött »... Qui sont, de la même manière, tous liés à l'idée de remplir.

Identifier les racines nous permettra souvent de deviner des mots

Identifier les racines nous permettra donc souvent de deviner des mots. Cela va être très utile pour vous parce que le nombre de racines qui composent les mots dans une langue est limité. En étant capable de repérer ces racines, on devient capable de deviner le sens de beaucoup de mots qui contiennent les racines que l'on connait. C'est-à-dire que, dès que l'on connait beaucoup de racines, on comprend une majorité du vocabulaire dans la langue. Dans le cas contraire, c'est-à-dire sans prendre la peine d'observer ces rapports de parentés, on serait obligé d'apprendre absolument chaque mot de la langue, individuellement, au lieu de pouvoir en deviner la plupart. Apprendre à décomposer les mots revient donc à ajouter un outil efficace à sa trousse à outils ET à s'économiser des milliers de mots à mémoriser. Ce n'est pas rien !

Parfois, reconnaître la racine d'un mot ne suffira pas à en comprendre le sens. C'est regrettable mais avoir remarqué l'étymologie du mot restera utile. En effet, cette gymnastique aide aussi notre mémoire. En remarquant les informations similaires, on les réunit mentalement, on crée des liens entre elles. Ces associations d'idées sont les bienvenues pour notre cerveau qui stocke naturellement les informations en fonction de leurs similarités. Un mot dont on reconnait l'étymologie sans en comprendre le sens intégral restera plus facile à digérer et mémoriser par la suite qu'un mot où l'on ne reconnait rien de familier.

En plus d'aider à comprendre, deviner ou mémoriser, l'étymologie a une fonction bénéfique supplémentaire. En regardant de manière plus ou moins systématique l'étymologie d'un mot dans le dictionnaire, on en apprend un peu plus sur son histoire et sur son sens caché. On apprend de quelle langue il vient et de quelle époque, on apprend de quels composants la racine du mot et ses préfixes ou suffixes viennent… On apprend son sens d'origine et comment il a évolué avec le temps. Tout cela, combiné, nous raconte un peu la vie, l'historique du mot. *L'histoire* est le format préféré du cerveau pour mémoriser. Rappelons-le, c'est la manière dont on se rappelle le plus naturellement de quelque chose. En étant curieux, en voulant savoir d'où viennent les mots, on augmente notre probabilité de les mémoriser. Ca ne veut surtout pas dire qu'il faut faire du par cœur ni même vérifier *systématiquement* l'étymologie des mots. Non. Ca veut simplement dire qu'un peu de curiosité rend la vie plus facile à notre mémoire. En langues vivantes, cédez à votre curiosité.

Enfin, une dernière chose importante… Dans la plupart des langues européennes, vous retrouverez des étymologies latines, grecques ou françaises. Cela veut dire que, même si un dictionnaire qui parle de l'étymologie des mots est toujours une bonne chose, vous pourrez souvent profiter de l'étymologie des mots simplement grâce à votre connaissance du français ou d'autres langues. C'est une raison supplémentaire de soigner chaque langue que vous parlez. En identifiant ces points communs, d'une langue à l'autre, au niveau de l'étymologie, vous comprendrez et devinerez beaucoup.

3.1.3 Les préfixes

On vient de voir comment décomposer les mots pour 1) Identifier leur fonction dans la phrase et 2) Reconnaître leur racine pour remonter à leur sens de base.

La troisième technique, ce sera tout simplement de profiter des préfixes[3]. Les préfixes, ce sont des débuts de mots qui modifient le sens de la racine. Par exemple, « dé-» dans « décharger ». « un- » dans « unload ». Ils permettent d'altérer le sens de la racine. C'est ce que l'on vient de voir dans la partie précédente sur les racines et l'étymologie. Entraînez-vous à observer ces préfixes. Il en existe un nombre limité et les connaître vous permet de deviner une bonne partie du sens.

Si vous connaissez un mot mais voulez dire son contraire, vous pouvez aussi essayer d'y rajouter tout simplement un préfixe. Tentez le mot à l'oral sur le ton de la question et on vous confirmera si c'est bon ou on vous indiquera la forme correcte. A l'écrit, cela vous donne une base pour trouver le mot rapidement ou le chercher dans un dictionnaire unilingue, sans donc avoir besoin du français.

C'est aussi ainsi que les mots sont inventés. Etre familier avec les préfixes, aussi simple que cela puisse paraître, fournira déjà une bonne base à votre vocabulaire !

3.1.4 Les mots composés

Notre dernière technique pour décomposer les mots, ce sera les mots composés. C'est sans doute la technique la plus simple. Pour autant, encore faut-il prendre soin de ne pas l'ignorer. Toutes ces techniques ne s'excluent pas, bien au contraire, et compléter cette technique-ci par l'utilisation de l'étymologie sera souvent une bonne chose.

Je me rappelle par exemple en hongrois lorsque quelqu'un me parlait de « hajlakk ». Je n'ai d'abord pas compris le mot, pourtant il était très simple. Il est composé de « haj », qui signifie « cheveux », ça je le savais, et de « lakk », qui en fait, comme en français (chose suffisamment rare pour être remarquée), signifie de la laque. « hajlakk » c'était donc comme en français de la « laque pour les cheveux » ou, comme en anglais, « hairspray ».

Désormais, face à chaque mot : analysez-le et essayez de le décomposer en sous-parties. Cela vous renforcera sur cette technique pour mieux comprendre les mots que vous connaissez déjà et deviner ceux que vous ne

---

[3] Notez que, dans certaines langues, le rôle des suffixes et des préfixes sera inversé. Ce n'est pas gênant. Le principe reste vrai de repérer les « briques » qui composent un mot : pour en déduire des informations sur son sens ou sa fonction.

connaissez pas encore. Bien souvent, un mot que l'on ne pense pas connaître est simplement la réunion de composants que l'on connait déjà. Appliquer ces techniques vous garantira de ne jamais passer à côté.

Notez enfin, au passage, que c'est une très bonne chose de soigner la compréhension orale et la prononciation de tous ces suffixes, racines et préfixes courants, puisque vous les rencontrerez sans cesse. C'est une très bonne manière de prioriser et de d'améliorer intelligemment sa nouvelle langue.

3.2 Utiliser le contexte

3.2.1 Deviner le sens d'un mot

On a parlé dans la première partie de l'importance du contexte dans la communication. On y a vu qu'un mot, privé de son contexte, n'a pas vraiment de sens. La majorité des mots peuvent avoir plusieurs sens. Partant de là, c'est le contexte de la phrase et de la conversation, ou du texte, qui nous permet de vraiment interpréter le sens d'un mot. Sans cela, on reste dans le flou.

Si on a besoin du contexte pour comprendre le sens d'un mot que l'on connait, est-ce que l'on ne peut pas aussi se servir du contexte pour comprendre le sens d'un mot que l'on ne connait pas encore ? Ou bien, ce qui est proche, pour comprendre un sens supplémentaire d'un mot que l'on a déjà vu par le passé?

A ce niveau-là, c'est un mélange d'intelligence et d'intuition. Parfois on fera appel à notre connaissance, même limitée, de notre nouvelle langue et, à d'autres moments, on devinera un mot parce qu'il fait partie d'une expression qui nous évoque une construction similaire en français.

On devinera un mot parce qu'il fait partie d'une expression qui nous évoque une construction similaire en français

Par exemple, en hongrois, si on me parle de « tündér mese » et que je sais que « mese » signifie « histoire » ou « conte », je devinerai peut-être que « tündér » signifie « fée ». J'aurais pu être tenté de penser que « tündér » signifie « pour enfant » mais comme je sais que le mot pour « enfant » est différent (« gyerek ») il est bien plus probable que « tündér » signifie « fée » (ce qui est effectivement le cas). Notez qu'aucun de ces mots n'est similaire au français mais la *construction*, elle, est très proche, ce qui suffit souvent à deviner un sens.

Utiliser votre capacité à « deviner » plutôt qu'à savoir avec certitude vous déstabilisera peut-être au début. Nous sommes tous tellement formatés à admettre uniquement des réponses précises et correctes que nous avons perdu l'habitude d'utiliser ce talent. Pourtant, c'est un atout indispensable pour avancer rapidement et aide à supporter de ne pas tout connaître instantanément. Ca ne signifie pas qu'il faille rester dans le flou, bien au contraire. Dans l'exemple précédent, par exemple, si je suis en train de discuter avec un hongrois je pourrai lui demander confirmation comme quoi j'ai bien deviné, notamment à travers des exemples. Simplement, en acceptant cette part d'incertitude, vous gagnez en efficacité et vous apprenez à vous débrouiller. Parfois, la confirmation d'avoir bien (ou mal) compris ne viendra que plus tard. Songez qu'un enfant passe par la même chose, nécessairement, et que cela ne l'empêche pas d'atteindre un stade où il parle à la perfection. Il s'agit d'avancer progressivement. Enfin, plus vous utilisez votre capacité à deviner, plus vous devenez fort en la matière.

La somme des mots a-t-elle le même sens que la somme du sens des mots ?

3.2.2 Deviner le sens d'une expression

Une question à se poser face à une expression que l'on ne comprend pas est : la somme des mots a-t-elle le même sens que la somme du sens des mots ? C'est-à-dire, l'ensemble a-t-il plus de sens que la somme de ses parties ?

Par exemple, en français, dans l'expression, « Le monde appartient à ceux qui se lèvent tôt », l'expression a un sens supplémentaire par rapport à ce que raconte la phrase elle-même. Le sens figuré est plus riche que le sens littéral. Il ne s'agit pas d'affirmer que le monde appartient à qui que ce soit mais de faire passer un message. Le message étant « pour avoir ce que l'on veut, rien ne sert d'attendre ». On peut évidemment voir plusieurs sens à une expression comme celle-ci, ou bien aux proverbes et aux idiomes en général. Dans tous les cas, ce qu'il faut bien remarquer c'est que certaines expressions sont là pour communiquer un sens supplémentaire. Il est souvent facile de les remarquer car leur sens littéral est généralement déconnecté du sujet de la conversation. Par exemple, lorsque l'on dit « Lorsque les poules auront des dents », il y a peu de chance pour qu'on ait parlé de poules ou de dents dans la conversation ! Aussi bête que tout cela puisse paraître, c'est bon à garder en tête car les mêmes phénomènes se produiront dans votre nouvelle langue.

Ces expressions, surtout les dictons, communiquent donc davantage d'information que leur sens littéral. Souvent, il est possible de déduire le sens figuré du sens littéral. Il suffit d'un peu d'imagination et de voir ce que cela nous fait ressentir. Par exemple, si vous entendez, en anglais, « The early bird gets the worm » (littéralement, « L'oiseau qui se lève tôt obtiendra des vers », sous-entendu des vers de terre !) l'impression que cela vous donne sera sans doute similaire à l'impression que fournit « Le monde appartient à ceux qui se lèvent tôt ». En effet, les deux expressions sont synonymes même si elles n'utilisent pas les mêmes images.

Le contexte aidera également. Dans l'exemple que l'on vient de voir, il y a des chances pour que le proverbe apparaisse pendant une discussion sur le manque de temps ou les objectifs. Le ton de la personne qui l'emploie peut aussi être une indication. L'ironie par exemple, pour une expression comme « Quand les poules auront des dents ».

En somme, face à une expression que vous ne comprenez pas, voyez si vous pouvez utiliser votre imagination pour l'interpréter et lui donner un sens supplémentaire. Il n'y a pas de honte à comparer avec votre langue natale pour voir si vous avez vu juste, notamment en voyant si cette expression fournit une image pour une expression existante dans votre langue natale. De manière surprenante, la plupart des proverbes existent dans toutes les langues. Qui plus est, les langues ont beau être différentes dans leur structure, elles ont toutes pour mission de communiquer, ce qui amène à utiliser des images similaires d'une langue à une autre.

Fiche-synthèse : faire face à l'inconnu et réussir

Exercice - Analysez votre nouvelle langue

Utilisez un texte dans votre langue cible et un livre de grammaire pour **identifier** les types de mots ci-dessous. Le but est que vous soyez capable de les reconnaître dans tous les textes, même sur des mots que vous ne connaissiez pas encore.

Type de mot	*Sens général*	Formes dans votre langue cible
Verbes	*Etat ou action*	
Adverbes	*Modifie l'état ou l'action*	
Noms	*Objet ou personne*	
Adjectifs	*Modifie l'objet ou la personne*	
Comparatifs	*Comparer*	
Nombres	*Compter les quantités, classer, situer dans le temps*	
Mots de fonction[4]	*Organiser la phrase et préciser le rapport entre ses éléments*	

[4] Mots de fonction : il s'agit des prépositions, conjonctions et déterminants. Il ne s'agit de mémoriser ces trois termes techniques, juste de distinguer les mots de fonction, qui servent à structurer la phrase, de tous les autres mots, qui servent à apporter de l'information.

Servez-vous de cette analyse pour ensuite mieux observer. Ceci vous amènera assez naturellement à mieux vous représenter le sens de ce que vous entendez ou lisez. Par exemple, en reconnaissant les verbes, vous vous imaginerez plus facilement l'action (dynamique) et, en reconnaissant les noms, vous vous imaginerez plus facilement les objets dont on parle (statiques). En reconnaissant les adverbes, vous verrez mieux comment ils changent le sens du verbe et, en reconnaissant les adjectifs, vous verrez mieux comment ils changent le sens des noms.

Prenez 10 minutes maintenant pour remplir ce tableau. Lors de votre prochain cours, vérifiez-le avec votre professeur.

CHAPITRE 4
APPRENDRE EFFICACEMENT

Nous venons de voir comment bien débuter dans une langue vivante et comment faire face à l'inconnu. Maintenant, voyons différentes techniques plus générales pour avancer efficacement.

4.1 Transférer ses connaissances

Le transfert, c'est le fait d'utiliser nos connaissances existantes pour nous attaquer à un nouveau sujet.

Prenons un exemple. Un musicien qui se met à un nouvel instrument utilisera beaucoup de ses connaissances de son instrument actuel aussi pour le nouveau. Savoir lire la musique, avoir une bonne dextérité ou avoir le sens du rythme l'aidera dans son nouvel instrument. C'est ce que l'on appelle le transfert. C'est très naturel d'utiliser nos capacités actuelles pour simplifier l'apprentissage d'une nouvelle activité.

On distingue deux types de transfert : le transfert positif et le transfert négatif.

Le transfert positif c'est le cas où nos connaissances existantes nous *aident* à aborder notre nouvelle activité. Par exemple, il sera plus facile pour un violoniste de se mettre au violoncelle qu'à la batterie parce que le violon et le violoncelle sont tous deux des instruments non frettés – c'est-à-dire qu'ils ont des manches similaires, sur lesquels il faut trouver sa note (il ne suffit pas de poser un doigt sur une case comme à la guitare ou sur une touche comme au piano). Savoir trouver sa note sur le manche est donc une compétence que le violoniste pourra facilement transférer au violoncelle – il réalise un transfert positif de ses connaissances – mais qui ne lui servira à rien s'il se met, par exemple, à la batterie !

Le transfert négatif, c'est le cas où nos connaissances existantes nous *perturbent* au lieu de nous aider. C'est le cas où les choses sont suffisamment similaires pour qu'on les confonde mais suffisamment différentes aussi pour nous handicaper. Par exemple, un guitariste qui passe de la guitare classique à la guitare électrique sera peut-être perturbé parce que, si les manches sont similaires, et qu'il est donc en terrain familier, il ne pourra pas pour autant jouer directement avec la même aise, parce que la largeur du manche et la taille des cases sur le manche sont différentes. Tous ses automatismes seront perturbés en se mettant au nouvel instrument.

Ces phénomènes de transfert, positif et négatif, se produisent presque toujours lorsqu'on apprend quelque chose.

Par exemple, pour un français qui se met à l'anglais, il pourra utiliser beaucoup de transfert positif en matière de vocabulaire. En anglais, les mots « brunette » (une fille brune), « chauffeur » (un chauffeur, comme en français) ou « solidarity » (la solidarité) sont faciles à comprendre. Ils sont proches ou identiques à des mots français, à la fois au niveau de la forme et du sens.

Il y aura aussi du transfert négatif, lorsque la similitude nous gêne au lieu de nous aider. C'est le cas des faux-amis. Par exemple, « actually », « pain »et « eventually » sont au départ pour un francophone parce qu'ils rappellent fortement des mots français tout en ayant un sens très différent. « Actually » ne signifie pas « actuellement », il n'y a pas un lien avec le mot « actualité » mais avec le mot « acte » et « actually » signifie « dans les actes », soit, en bon français, « dans les faits » ou « en fait ». « Pain » ne signifie pas « du pain » mais le mot « douleur », les mots anglais et français ont beau s'écrire pareil, ils n'ont pas du tout la même origine ni le même sens. « Eventually » ne signifie pas « éventuellement » mais « finalement ». Les deux mots ont une origine commune mais l'anglais est parti du sens du mot « événement » vu comme une finalité tandis que le français est parti du mot « événement » vu comme une possibilité.

Notez que certains mots peuvent avoir à la fois un transfert positif ET un transfert négatif. Dans les trois exemples précédents, le transfert est négatif parce que les sens sont différents mais il a aussi un aspect positif puisque, au moins, les orthographes sont familières, ce qui rend les mots plus faciles à mémoriser.

Une première carte à jouer lorsqu'on apprend la langue consiste à voir ce que l'on peut transférer d'une langue à l'autre et ce qu'il faut effectivement réapprendre

Une première carte à jouer lorsqu'on apprend la langue consiste donc à voir ce que l'on peut transférer d'une langue à l'autre et ce qu'il faut effectivement réapprendre. Prendre conscience de ce qui aide et de ce à quoi on a intérêt à faire attention aide déjà à répartir ses efforts correctement.

Prendre conscience de ce qui peut se transférer, c'est s'épargner du travail. Cela permet d'« importer » dans la nouvelle langue ce qui existe déjà dans la langue natale. C'est un gain énorme en temps. Votre responsabilité est donc d'observer ces points communs et différences. D'une part cela vous fait réfléchir à la langue (ce qui vous rend meilleur en langues en général) et, d'autre part, cela vous donne l'habitude de remarquer les racines des mots.

Notez qu'un domaine où faire particulièrement attention à la manière dont se déroule le transfert, c'est la prononciation et la phonétique en général. D'une langue à l'autre, il y a des chances, par exemple, que certains sons soient très proches les uns des autres… mais quand même différents. Le pire étant que, au début, on n'a pas forcément conscience de cette différence, tellement ils sont proches. Par exemple, en anglais et en français, il y a dans les deux cas le son 't'. Pourtant, le son 't' du français sera toujours plus dur que le son 't' de l'anglais. Prononcer l'anglais avec le son 't' du français n'empêchera pas d'être compris mais cela rendra votre accent et votre origine évidents, ce qui est souvent moins satisfaisant que d'avoir un accent neutre. Le son 'r' est dans le même cas. Voir en quoi les sons sont différents, en quoi on peut se servir de la prononciation de notre langue natale et, à l'inverse, ce qu'il faut changer, sera donc une très bonne chose pour nous organiser.

C'est aussi une des raisons pour lesquelles il est bien d'abandonner sa langue natale au maximum lorsqu'on apprend ou pratique une nouvelle langue. Cela permet d'éviter qu'elle nous influence de manière négative et cela amène à vraiment ouvrir ses oreilles et s'habituer à la langue que l'on apprend. Même chose pour la grammaire et le vocabulaire. Si vous abandonnez le français pendant que vous pratiquez, vous serez moins tenté d'utiliser des structures de phrase, ou du vocabulaire français, dans notre nouvelle langue.

4.2 Séparer les contenus similaires

Le transfert, cela peut aussi être l'influence de ce que l'on vient d'apprendre sur autre chose que l'on essaye d'apprendre. Lorsqu'il s'agit de choses similaires, le transfert est en général négatif. Un moyen tout simple pour éviter cela consiste à séparer dans le temps l'apprentissage de choses similaires. Cela permet d'apprendre plus facilement et plus rapidement, en s'économisant des efforts et des quiproquos inutiles.

Dans une nouvelle langue, on va parfois être exposé quatre ou cinq fois à un même mot pour le mémoriser – sinon plus, pour les plus récalcitrants. Les premières fois que l'on voit un mot, il y aura peut-être trop à faire pour le mémoriser en une fois et on ne mémorise alors avec confiance que quelques syllabes du mot, par exemple. C'est naturel. Il vaut mieux mémoriser un fragment de mot de manière solide plutôt qu'un long mot de manière floue. Par la suite, on aura besoin d'utiliser ce mot de nouveau… A ce moment-là, tout ce dont on se rappelle avec certitude ce sont ces quelques syllabes que l'on a apprises… Par chance, *si c'est le seul mot que l'on a appris récemment avec ces syllabes*, lorsqu'on essaie de le dire en entier, on a de bonnes chances de viser juste. Tout simplement parce qu'on ne connait pas beaucoup de mots qui lui ressemblent.

A l'inverse, en commettant l'erreur d'apprendre des mots similaires à la même période, on est à peu près assuré de confondre les syllabes des deux mots et, comme on ne connait aucun des deux mots en entier avec certitude, on a une chance sur deux de confondre les deux mots… Bref, c'est le début de la confusion et des quiproquos ! On a des difficultés à se rappeler quoi que ce soit et cela empire si l'un de ces mots a plusieurs sens ou bien si on a aussi vu un troisième mot qui ressemble aux deux premiers.

Je vous donne un exemple, en Hongrois, j'ai longtemps hésité entre les mots « honlap » (site web) et « holnap » (demain), même s'ils sont pourtant courts, très simples et faciles à décomposer. Tout cela parce que j'ai commis l'erreur d'essayer de les apprendre à la même période, ce qui fait que leurs souvenirs ont longtemps été associés. A chaque fois que je voulais utiliser un des deux, je me rappelais qu'il ressemblait à un autre mais cela me faisait quand même hésiter. Vu qu'ils sont courts, je finissais généralement par m'en sortir mais je perdais du temps juste à faire attention de ne pas les confondre. Avec des mots longs et similaires, les choses se compliquent encore davantage.

Ce que l'on veut, pour bien mémoriser, c'est stocker séparément, en mémoire, les mots qui se ressemblent. Le moyen le plus simple pour cela est de commencer par les apprendre séparément *dans le temps*. Cela permet de créer des souvenirs et des associations d'idées pour le premier mot, jusqu'à ce qu'il devienne habituel et acquis. Une fois ce mot acquis, on pourra aborder ceux qui lui ressemblent posément et sans confusion.

4.3 Conjuguer théorie et pratique

Il est important d'arrêter de séparer théorie et pratique puisque, non seulement elles se nourrissent l'une l'autre, mais l'une n'a pas de sens sans l'autre. On peut essayer de snober la pratique en évoluant dans les hautes sphères de la théorie… Au final, sans pratique, il n'y a pas de théorie. De la même manière, on peut fuir la théorie pour baigner dans la pratique… Sans remonter aux principes qui la gouvernent, on avancera lentement et sans aucun recul sur ce que l'on fait.

La pratique renforce la solidité de nos connaissances théoriques et la théorie éclaircit le travail pratique réalisé. Ignorer l'un des deux, c'est ne pas profiter pleinement de l'autre.

Concrètement, pratiquez peu après avoir étudié de la théorie. Cela vous permet de vous en rappeler et de l'éclaircir, d'avoir certaines épiphanies très gratifiantes du type « Oh!!... mais ça je l'ai vu aujourd'hui dans mon bouquin de grammaire! ».

> **Revenir à un livre de grammaire après avoir pratiqué est sans doute la seule manière d'apprécier la grammaire et d'y trouver de la valeur**

Dans l'ordre inverse, revenir à un livre de grammaire après avoir pratiqué est sans doute la seule manière d'apprécier la grammaire et d'y trouver de la valeur.

Pour comparer avec le monde de la musique, étudier uniquement la théorie peut faire fuir les gens, parce que ce que vous jouez n'est pas assez vivant. C'est aussi le problème en langues. Vous avez besoin de théorie pour mieux comprendre et mieux observer mais, pour atteindre vos buts, vous avez besoin d'expérience. Sans l'expérience, sans pratiquer la langue, vous n'aurez aucune matière sur laquelle appliquer la théorie que vous découvrez. Prenez donc soin de pratiquer ce que vous apprenez le plus tôt possible.

C'est un cercle vertueux. La pratique crée l'envie d'éclaircir certains points de théorie et la théorie donne la capacité d'observer et donne confiance en ce que l'on dit

Un avantage supplémentaire à réunir ces deux facettes de la même pièce est que connaître la théorie vous aide à mieux *observer*. Observer est essentiel pour apprendre, surtout une langue. Observez l'ordre des mots, la forme de la bouche lorsque quelqu'un prononce un son et tous les détails peuvent faire de vous quelqu'un de *très bon* en langues. Le goût pour la théorie et la pratique nourrit ce sens du détail. C'est un cercle vertueux. La pratique crée l'envie d'éclaircir certains points de théorie et la théorie donne la capacité d'observer et donne confiance en ce que l'on dit.

4.4 Eliminer le doute

En cas de doute, votre responsabilité est de trouver une ressource (un dictionnaire, un livre de grammaire, un guide de prononciation, un natif !...) qui permette de lever le doute. Votre objectif perpétuel en langues devrait être de *gagner en précision*. Une telle démarche permet d'économiser son énergie et de gagner du temps par la suite. Le mieux est de lever le doute *tout de suite*, sans attendre.

Ca peut sembler un paradoxe. Si vous prenez un livre à chaque fois que vous avez un doute, est-ce que ce n'est pas plus gourmand en énergie ? Est-ce que ce n'est pas une perte de temps ? Eliminer le doute permet justement d'économiser son énergie parce qu'avoir dans un coin de votre tête des questions qui s'accumulent avec la peur de vous être trompé… C'est autant de concentration de perdue ET, plus vous tardez pour avoir des éclaircissements sur un point qui vous pose un doute, plus vous retardez le moment où vous pourrez profiter d'informations supplémentaires. Accumuler les doutes et les questions est une perte de temps.

Le doute est gourmand en énergie. La confiance, c'est avant tout une attitude où accomplir quelque chose requiert peu d'énergie. Cela se prépare en amont.

Par exemple, prenez un guitariste. Lorsqu'on le voit jouer, il n'y a pas d'effort visible de sa part. C'est ironique et paradoxal parce que ça lui a sûrement demandé beaucoup de travail pour en arriver là. A l'inverse, cela demande beaucoup d'énergie pour jouer à quelqu'un qui ne maîtrise pas l'instrument. Simplement, quitte à dépenser de l'énergie, autant que cela se fasse de manière choisie, comme un investissement, en amont, plutôt que de manière subie et stérile le jour J.

C'est la même chose en langues vivantes. Si cela vous demande des tonnes d'efforts pour parler la langue, c'est dommage parce que, non seulement c'est peu efficace et c'est frustrant, MAIS ça vous demande toujours beaucoup d'énergie sans signe de progrès ! Alors autant mettre toute cette énergie et ces efforts dans une bonne préparation.

Pour enfoncer le clou... Imaginez que vous vous baladiez dans une ville inconnue. Si vous avez un doute sur le chemin à suivre et que vous vous arrêtez à chaque intersection pour essayer de trouver le nom de la rue, puis que vous vous demandez si vous n'avez pas pris la mauvaise intersection au début, puis que vous arrêtez deux-trois passants qui ne connaissent pas le chemin non plus, puis que vous vous demandez si ça vaut encore la peine d'aller là où vous vouliez aller… Vous trouveriez rapidement tout cela très fatigant – et avec raison. L'alternative plus intelligente consiste évidemment à avoir une information claire dès le début, soit en ayant lu correctement un plan, soit en ayant reçu une information fiable, détaillée et compréhensible, dès le départ. Choisir l'option où il n'existe pas l'ombre d'un doute est beaucoup mieux à tous les niveaux. Vous vous évitez du stress, des pertes de temps, des pertes d'énergie… Bref, vous avancez plus vite et mieux.

La même histoire est vraie lorsque vous apprenez une langue. Si vous avez un doute sur un mot, ce mot va vous ennuyer à chaque fois que vous voulez l'utilisez. Pourquoi ? Parce que vous ne serez pas certain qu'il s'agit bien du mot que vous voulez utiliser. Parce que vous ne serez pas certain du contexte où c'est bien de l'utiliser. Parce que vous ne serez précis sur rien du tout. Le doute vous envahit et « pourrit » littéralement votre capacité à parler.

Alors, d'un côté, surtout quand on débute, c'est normal d'avoir des moments de doute et de ne pas être certain de l'usage de certains mots.

Simplement, votre responsabilité en tant qu'apprenant est de *lever le doute* au maximum sur tout ce que vous apprenez. Concrètement, ça signifie que, si vous avez un doute sur un mot, la meilleure chose à faire consiste à vérifier le sens de ce mot. En tant que débutant, prenez un bon dictionnaire bilingue (en anglais, je recommande le Harrap's Shorter) et vérifiez le sens du mot qui vous pose un doute. J'insiste sur le fait qu'il s'agit de votre responsabilité car vous êtes seul à savoir si un mot vous pose problème.

Un musicien qui sait bien jouer de son instrument sait quoi faire de ses mains et de sa tête. Il donne l'impression de pratiquer son instrument sans aucun effort. En éliminant le doute, tout devient clair et automatique (où poser les doigts, dans quel ordre, avec quel doigté, avec quel rythme, la meilleure manière de synchroniser les deux mains, les repères dans le morceau…). Ce que vous voulez, c'est atteindre le même type de maîtrise avec le langage. Vous voulez connaître le sens précis des mots que vous utilisez, la forme correcte des phrases pour employer telle ou telle idée, la conjugaison juste, etc. Le but sera toujours d'être précis. Plus vous serez précis, moins vous aurez besoin d'efforts pour bien parler la langue. Souvent, un dictionnaire suffit mais il existe d'autres méthodes que vous pouvez utiliser en autonomie, les techniques de décomposition des mots en font partie.

Enfin, de manière similaire… Lorsque vous apprenez quelque chose, eh bien, dès que vous avez un doute, dites-le ! Etre précis sera toujours important pour bien apprendre.

Le système scolaire a installé de mauvaises habitudes chez la plupart d'entre nous. Lorsqu'on est même ne serait-ce qu'une dizaine de personnes dans une classe, par politesse, on ne va pas interrompre le professeur dès que l'on ne comprend pas quelque chose. Pourtant, c'est ce qu'il y a de mieux à faire ! On devrait même pouvoir interrompre le professeur pour lui poser une question sur un sujet qui est en rapport et qui nous tient à cœur. Si un doute ou une question surgit dans votre esprit, il y a une raison pour cela, c'est pour être élucidé, sinon, vous ne vous poseriez pas la question.

Si un doute ou une question surgit dans votre esprit, il y a une raison pour cela, c'est pour être élucidé, sinon, vous ne vous poseriez pas la question

Dès que vous avez un doute ou une question, formulez-le de manière claire. Parfois, le simple fait de reformuler la question va vous amener à lever le doute par vous-même. Sinon, c'est simple : posez la question à votre professeur ou à quelqu'un qui s'y connait.

En somme, ne repoussez jamais vos questions. Vous êtes les maîtres de votre apprentissage, si une question apparaît c'est qu'elle doit être résolue et les ressources à votre disposition et votre professeur sont là pour ça.

4.5 Gérer ses efforts

Le mieux lorsque l'on a un but est de se préparer au pire et de s'attendre au mieux. Pa exemple, si vous êtes capable d'apprendre continuellement, même lorsque vous êtes fatigué, même lorsque vous manquez de temps, même lorsque vous avez peu de contacts… Vous êtes sûr de réussir, qui plus est rapidement – puisque vous ne serez pas dans TOUS ces états TOUT le temps. Préparez-vous à gérer la pire combinaison de difficultés et vous gérerez avec aise les situations normales. Une telle stratégie nous amène aussi à savoir où placer nos efforts pour ces moments où l'on dispose de davantage de temps et d'énergie.

Cela consiste d'abord à cibler ses efforts en fonction de ce qui pose problème. C'est utiliser le levier le plus intéressant en fonction de notre niveau. L'apprentissage d'une langue dépend beaucoup du niveau de chacun. Par exemple, il est préférable de tout faire dans la langue cible passé un certain cap mais, tant que la grammaire n'est pas maîtrisée, il sera plus efficace de continuer à expliquer celle-ci en français, par exemple.

Evidemment, lorsqu'on débute, c'est impressionnant… Puisque l'on ne connait rien ou presque, par où commencer ??!! La réponse est plus ou moins : peu importe, tant que l'on y va ! Il ne s'agit pas de faire n'importe quoi mais de voir que l'on a surtout l'embarras du choix et que faire *quelque chose* sera toujours mieux que d'attendre et de ne rien faire.

Il faut aussi voir que les efforts payent et sont plus faciles à fournir lorsque quelque chose d'ennuyeux à la base s'avère très utile et tout de suite utilisable. Exemple clair et concret : apprendre les conjugaisons des verbes. C'est très ennuyeux… mais cela paye dans la pratique et de savoir que c'est utile fait passer la pilule.

Il ne s'agit pas de repousser ses efforts à un hypothétique moment, qui ne vient jamais, où l'on a davantage de temps ou d'énergie… Parce que cela pousse à s'inventer des excuses. Au contraire, le mieux est toujours de faire en premier ce qu'il y a de plus rébarbatif. En premier pour être débarrassé et aussi parce que, comme la journée avance, on perd en énergie et ce qui est à la base rébarbatif le devient davantage lorsqu'on fatigue.

Lorsque vous avez un regain d'énergie, identifiez aussi le point qui vous permettrait de faire le plus de progrès et foncez ! Cela peut être d'apprendre des conjugaisons par cœur comme dans l'exemple ci-dessus… Cela peut être de profiter de ce jour où vous êtes de très bonne humeur pour rencontrer – enfin – des gens qui parlent la langue que vous étudiez… Cela peut être de prendre son billet pour le pays ou de travailler sur une prononciation qui nous fait honte. Optimisez vos efforts. Rien ne mérite de gâcher son temps.

4.6 La puissance de l'imagination

L'imagination est un outil très puissant pour apprendre. Si l'intelligence humaine est limitée, l'imagination, elle, est quasiment infinie.

Se répéter ou imaginer des dialogues, ou bien encore chercher les mots pour compléter ce que l'on a envie de dire, tout cela constitue de très bon moyen de pratiquer, même si c'est juste mentalement. Lorsqu'on apprend, il n'est pas toujours évident d'être entouré de personnes avec qui pratiquer. En revanche, on peut à tout moment imaginer des dialogues mentalement. Ca peut sembler fou, pourtant, c'est un processus par lequel on passe tout le temps dans notre langue natale. On se rappelle certains souvenirs, on repense à un film vu récemment, on se répète les paroles d'une chanson, on pense à notre travail, à nos amis… Cela fait partie de nous et tourne quasiment 24H/24. Il s'agit simplement d'utiliser cela et de faire preuve d'un peu d'imagination pour le faire dans notre nouvelle langue.

On peut à tout moment imaginer des dialogues mentalement. Ca peut sembler fou, pourtant, c'est un processus par lequel on passe tout le temps dans notre langue natale

Cette technique à elle seule permet de doubler ou plus nos temps de pratique. Désormais, lorsque vous êtes seul : plutôt que de penser ou rêver dans votre langue natale, faites-le dans votre nouvelle langue ! Cela vous donnera en plus de l'expérience et des idées de phrase à réutiliser par la suite dans votre pratique avec autrui.

4.7 Penser sans traduire ou « le déclic »

Le point que nous abordons maintenant est en quelque sorte la conclusion de ce que nous avons vu sur le fonctionnement du langage et sur le fait que nos représentations et notre langage ne sont pas la même chose. Il s'agit de penser dans votre nouvelle langue plutôt qu'en français, c'est LE principe qui vous permet d'apprendra efficacement.

C'est un concept qui pourrait être très difficile à expliquer parce qu'il fait partie de ces activités où, tant qu'on ne les a pas expérimentées par nous-mêmes, il est très difficile de s'y reconnaître.

Pensez au fait d'apprendre à faire du vélo et de trouver son point d'équilibre : toute personne qui sait faire du vélo sait de quoi je parle, c'est quelque chose d'évident. Pourtant, lorsqu'on apprend à en faire, si les explications peuvent aider, le concept reste flou et il s'agit avant tout de trouver ce point d'équilibre soi-même. On est face à quelque chose dont tout le monde est capable mais qui peut être difficile à décrire.

Après tout ce que nous avons vu dans les parties précédentes, j'espère que j'arriverai à bien faire passer mon message. Il est très important puisqu'on peut le considérer comme LA clef pour bien parler. Alors... Après tous ces avertissements, voici ce que j'appelle « le déclic » :

Le déclic consiste à penser dans la langue *sans traduire.*

Il s'agit de passer de nos idées/intentions/représentations *directement* à notre nouvelle langue. Il s'agit aussi, dans l'autre sens, de passer de paroles dans la langue *directement* à des idées/intentions/représentations dans notre tête.

Avoir ce déclic permet d'apprendre efficacement puisque l'on s'économise l'usage du français

Avoir ce déclic permet d'apprendre efficacement puisque l'on s'économise l'usage du français. Cela permet de penser et parler rapidement. C'est tout bonnement *indispensable* pour parler la langue de manière fluide et naturelle.

Lorsque l'on désire traduire

De manière ironique, ce déclic, cette manière de penser, nous servira *aussi* à traduire le jour où l'on désire traduire sérieusement. Notez que, en règle générale, on ne voudra pas traduire pour apprendre, sinon de temps à autre, pour vérifier que l'on a compris. En somme, pour être efficace, on ne veut pas traduire pour apprendre, à la place, pour apprendre et pratiquer, on veut tout faire dans la langue pour créer un effet boule de neige. Cela développera notre force pour penser sans traduire, c'est-à-dire sans l'usage du français, c'est-à-dire : cela nous donnera ce fameux déclic.

On voudra traduire par moments seulement. Par exemple, lorsqu'on nous le demande dans notre travail ou pour rendre service à quelqu'un qui ne parle pas la langue – mais *pas* pour mémoriser du vocabulaire ou le sens de certaines phrases.

Lorsque l'on désire vraiment traduire, cela consiste à faire constamment la passerelle entre la langue d'origine, les représentations qu'elle nous évoque et la manière dont on peut parler de ces représentations dans l'autre langue. Il suffira alors, pour vérifier si une traduction est bonne, de comparer non pas le français à la langue cible mais *les représentations* qu'évoquent l'expression en français aux *représentations* qu'évoque l'expression dans la langue cible. Lorsqu'une traduction est bonne, le texte d'origine et sa traduction évoquent les mêmes représentations, de la manière la plus proche, la plus fidèle, possible.

La place des traductions pour apprendre

Le paradoxe est que ce déclic permet aussi d'utiliser des traductions pour apprendre sans pour autant traduire nous-mêmes. Voyons ceci avec un exemple maintenant classique : les chansons dans une langue étrangère.

Imaginez que vous ayez les paroles d'une chanson avec, à gauche, les paroles dans votre nouvelle langue et, à droite, une traduction de ces paroles. Disons que vous ayez aussi un enregistrement de cette chanson, pour pouvoir l'écouter, mais ce n'est pas le plus important ici.

L'objectif est d'utiliser l'ensemble pour comprendre les paroles et apprendre du langage dans la nouvelle langue. Jusque-là, pas vraiment de surprise. Ce que l'on peut observer, en revanche, dans une telle situation, c'est que certaines personnes sauront s'en servir pour effectivement apprendre de nombreuses choses dans la langue – et elles seront capables de s'en resservir – tandis que d'autres n'en tireront pas profit et auront du mal à mémoriser quoi que ce soit.

L'explication est qu'il y a deux manières totalement différentes de se servir d'un texte bilingue.

Je vous décris la première méthode.

La première méthode consiste à prendre une phrase dans les paroles originales, à prendre leur traduction en français, et à essayer de mémoriser l'ensemble. Par exemple, si vous apprenez l'anglais : cela consiste à essayer, face à la phrase en anglais, de mémoriser la phrase elle-même puis de mémoriser sa traduction française. Ca semble assez normal à suivre comme démarche, pourtant, ça ne fonctionne tout bonnement pas ! Cela aide peut-être à mémoriser quelques mots mais c'est beaucoup de travail pour très peu de résultats et beaucoup de frustration.

Je ne vais pas trop rentrer dans le détail de pourquoi ça ne fonctionne pas car, après ce que nous avons vu dans la première partie, j'espère qu'il devient assez évident que cela ne respecte pas la manière dont fonctionne notre cerveau, qui n'est pas fait pour mémoriser bêtement des traductions.

Maintenant, voyons l'autre méthode, celle qui fonctionne.

L'autre méthode, c'est de choisir une phrase dans les paroles originales, de prendre sa traduction en français, et d'essayer de voir quelles *représentations* (images, sons, sensations, actions, etc.) ces paroles, en français, vous évoquent. Ensuite seulement, vous retournez aux paroles en anglais pour voir quelles parties de la phrase anglaise correspondent à quelles représentations. En faisant ceci, vous avez des images en tête, au sens large, que vous associez aux paroles correspondantes, dans le texte d'origine. Vous mémorisez uniquement le texte d'origine et les représentations et vous laissez le français de côté. Plus précisément : le français vous sert uniquement de passerelle pour remonter aux représentations que sont censées provoquer les paroles en anglais puis, une fois que vous avez accédé à ces représentations, à ce sens, vous abandonnez le français.

L'avantage de cette méthode est que, avec elle, on ne mémorise pas du langage avec du langage – ce qui serait totalement inefficace, étant donné que l'on ne désire pas traduire constamment mais parler couramment la langue. A la place, de manière beaucoup plus naturelle pour le cerveau : on associe des représentations – qui existent déjà dans nos têtes – avec du nouveau langage dans la nouvelle langue.

Le déclic, c'est de transformer nos idées en langage, dans la nouvelle langue, directement et donc sans avoir à utiliser le français. C'est aussi beaucoup plus rapide comme cela le jour où vous voulez parler car vous n'avez plus besoin du français.

Les traductions (texte bilingue, paroles de chanson, traduction d'un ami) sont à utiliser uniquement comme une passerelle, comme un décodeur, et, une fois que nous avons décodé les paroles originales en représentations grâce à l'intermédiaire du français, on abandonne la traduction, on abandonne le décodeur, on abandonne le français, pour simplement mémoriser les expressions de la langue cible. On associe alors des paroles dans notre nouvelle langue (les sons) à des représentations (du sens), qui n'ont par définition pas de langue et sont juste, dans nos têtes, la manière dont on perçoit ou imagine naturellement les choses.

Prenons un exemple. Si on voit un verbe dans la nouvelle langue, on ne veut pas mémoriser le verbe équivalent en français, ce n'est pas une fin en soi. On veut, en partant de la prononciation du verbe dans la langue, mémoriser l'image d'une *action* qui correspond à ce verbe. L'art d'apprendre une langue, c'est et cela restera toujours le fait d'associer des sons à des représentations, pour les mémoriser et les utiliser.

L'art d'apprendre une langue, c'est et cela restera toujours le fait d'associer des sons à des représentations, pour les mémoriser et les utiliser

Penser par blocs

Vous avez l'explication du mécanisme de base qui vous permet de penser dans la langue : on associe la prononciation d'un mot à l'idée qu'il représente, et vice-versa.

Dans la pratique, on voudra gagner en aise et en puissance en mémorisant la prononciation d'un groupe de mots entier et en l'associant à l'idée globale qu'il représente. On voudra associer la prononciation de phrases entières aux représentations que la phrase nous évoque : on voudra l'associer au « film » que cela est censé provoquer dans notre imagination. C'est un changement d'échelle si vous voulez. Cela permet de mémoriser le sens d'expressions entières plutôt que des mots seuls. C'est plus naturel à faire d'ailleurs puisque, rappelez-vous, il est plus facile de mémoriser des groupes de mots qui ont un lien entre eux plutôt que des mots isolés… A une échelle encore plus grande, il est aussi plus facile de penser et mémoriser sous forme d'histoires que sous forme de phrases.

Il est évidemment aussi plus agréable de penser sous forme de groupes cohérents plutôt que sous forme d'idées discontinues : cela permet de penser et parler de manière fluide, plutôt que de manière laborieuse.

En somme, on préfère mémoriser par bloc plutôt qu'au compte-gouttes.

Par exemple, en anglais, on préfèrera mémoriser l'expression « He got hit by a car » *en bloc* pour l'associer à l'image qu'elle nous évoque (un homme qui se fait renverser) plutôt que d'associer chaque mot seul à une image seule.

De la même manière, pour comprendre et mémoriser le sens de « I want to send a letter », on préfèrera mémoriser l'image de quelqu'un qui a envie d'envoyer une lettre, plutôt que d'imaginer l'image d'avoir envie + l'image de l'action d'envoyer quelque chose + l'image d'une lettre.

Il est important de mémoriser par blocs, soit des expressions et des scènes, et non pas, au compte-gouttes, des mots isolés

Il est important de mémoriser par blocs, soit des expressions et des scènes, et non pas, au compte-gouttes, des mots isolés. Bien entendu, au début, on travaillera avec des expressions et des phrases courtes mais il n'y a aucune honte à cela. C'est naturel. Cela fournira une base sur laquelle construire, pour ensuite mémoriser des expressions puis des phrases longues.

Fiche-synthèse : apprendre efficacement

Exercice – Surveillez votre approche

Tout le monde peut apprendre une langue mais le quotidien détourne souvent les gens de leur cap. Utilisez cette liste régulièrement pour vous assurer que vous continuez à vous rapprocher de votre objectif langue :

- ☐ **Surveillez l'influence de votre langue natale** sur votre nouvelle langue. Voyez ce qui sert et ce qui perturbe.
- ☐ **Séparez dans le temps** les mots similaires.
- ☐ **Alternez théorie et pratique.** Equilibrez-les : la théorie pour mieux observer et pratiquer ; la pratique pour le plaisir et pour avoir de la matière pour réfléchir à la théorie.
- ☐ **Eliminez toujours le doute** au maximum. Utilisez le dictionnaire, vos livres, votre professeur, Internet ou vos amis pour éclaircir les zones d'ombre.
- ☐ **Imaginez** régulièrement des choses dans la langue au cours de votre journée. Pensez à des activités passées ou à venir dans la langue cible.
- ☐ **N'utilisez plus le français** lorsque vous pensez dans la langue ou que vous la parlez ou, à vrai dire, tout le temps, le maximum possible.

Prenez maintenant de quoi écrire (papier ou ordinateur, un journal si vous en tenez un) puis analysez ces différents points. Reprenez cette liste tous les quinze jours pour surveiller que vous tenez votre cap.

CHAPITRE 5
AMELIORER SA COMMUNICATION

5.1 Observer grâce aux collocations

Appliquer la loi de Pareto aux langues nous permet de prioriser nos tâches pour un apprentissage efficace. Nous savons quels mots sont les plus fréquents et donc les plus importants. Malheureusement, c'est à l'échelle du mot seul que cela s'analyse et, si c'est une bonne indication de ce qui est important, cela reste une information incomplète puisqu'un mot seul n'a pas vraiment de sens. En tant qu'apprenant, les groupes et mots (expressions, phrases) nous intéressent davantage que les mots seuls. Un mot prend du sens lorsqu'il est au sein d'une phrase ou, au moins, d'une expression.

La question va donc être, comment combiner les mots correctement?

Les mots se combinent d'une certaine manière. Par exemple, en français, pour acheter du pain, on ne dit pas « Je vais dans la boulangerie », on dit « Je vais *à* la boulangerie ». Ou bien, on ne dit pas « Il fait vraiment joli aujourd'hui ! », on dit « Il fait vraiment beau ! ». Dire « Je vais dans la boulangerie ! » ou « Il fait joli ! » vous semblent stupides et vous ne feriez jamais de telles fautes.

Lorsqu'on apprend une langue, il est difficile de ne pas faire ces fautes au début parce que ces arrangements sont totalement arbitraire. Pourquoi dit-on « J'ai mal aux pieds ! » en français et non pas « J'ai le pied qui souffre ! » (comme en anglais ou en hongrois) ? En un sens, c'est juste comme ça : c'est arbitraire et ça ne sert à rien de chercher. Si tout le monde se mettait à dire « J'ai le pied qui souffre ! », eh bien, cela deviendrait peut-être une expression courante. D'ici là… Sans avoir été habitué à l'expression correcte, il n'y a rien qui permet vraiment de savoir que la première forme est correcte alors que la seconde ne l'est pas. Quelque part c'est difficile et…

Quelque part, c'est vraiment très TRES facile. C'est là encore une question de pratique. En écoutant ou lisant beaucoup dans votre langue, *vous vous habituez à enregistrer ce qui est correct.* Partant de là, lorsque vous voulez parler, vous allez naturellement utiliser la forme correcte. Le cerveau enregistre et, au moment

Le cerveau enregistre et, au moment de parler, il ressort ce qui est plus simple pour lui, c'est-à-dire : les formes (correctes) qu'il a déjà entendues

de parler, il ressort ce qui est plus simple pour lui, c'est-à-dire : les formes (correctes) qu'il a déjà entendues. C'est en cela que l'exposition est importante. Pas tant pour apprendre de nouveaux mots que pour enregistrer et s'habituer à les combiner de manière correcte.

Certains mots ont tendance à aller ensemble pour former des expressions. Respecter cela, cela permet de produire un langage naturel pour les natifs. Mieux observer et comprendre ces formes, ces combinaisons de mots, permet d'apprendre plus efficacement. D'autres exemples : en français, on dit « prendre son petit-déjeuner », on ne dit pas « manger son petit-déjeuner », même si le résultat est le même. On dit « aller à la poste » et non pas « se déplacer à la poste ».

Faites l'effort de mémoriser avec QUELS mots apparaissent les mots que vous rencontrez

Ce phénomène, le fait que certains mots se rencontrent souvent avec d'autres, s'appelle les collocations (parce qu'on trouve les mots ensemble, au même endroit). Faites l'effort de mémoriser avec QUELS mots apparaissent les mots que vous rencontrez. En faisant ce petit effort, vous ferez des progrès plus rapides sur les expressions typiques. Cela vous aidera en expression, puisque vous saurez avec quels mots utiliser quels mots et, aussi, en compréhension, puisque, en entendant certains mots, vous saurez quels mots les accompagnent probablement et à quoi vous attendre.

Pour parler rapidement une nouvelle langue de manière naturelle, il sera donc intéressant non seulement de prioriser les mots importants, par exemple en prenant les 20% de mots les plus fréquents, mais aussi de les utiliser dans des expressions naturelles et courantes. Pour cela, on prendra soin de remarquer quels mots se rencontrent avec quels autres.

Un moyen simple d'agir, tout de suite, sur votre langue cible, est de vous procurer une liste de collocations dans la langue, pour remarquer comment les mots se marient pour donner naissance à des expressions.

5.2 Travailler la phonétique seule

On peut apprendre la phonétique d'une langue sans connaître le sens des mots que l'on apprend. La phonétique d'une langue, au final, est juste un ensemble de sons qui forme une certaine musique.

A vrai dire, cela sera souvent bénéfique de travailler la phonétique et la prononciation en laissant de côté le sens. Cela permet d'ouvrir vraiment ses oreilles et de laisser l'obsession de dire des phrases correctes de côté.

Pour s'aider, on peut utiliser les astuces suivantes :

- Entraînez-vous sur des sons isolés, pour apprendre à les percevoir et les reproduire. Prenez des sons isolés, même si ce sont des mots que vous ne connaissez pas, et habituez-vous à les entendre, puis les reconnaître, puis les produire.

- Mémorisez un nouveau mot ou expression uniquement niveau prononciation, dans un premier temps. Mémoriser le sens et l'écriture est gourmand en énergie, surtout lorsqu'on débute. Alors, lorsque vous essayez de mémoriser un mot, même si vous aimeriez mémoriser tout, tout de suite, n'ayez pas honte de juste mémoriser la prononciation ou une partie de la prononciation au début. Le but n'est pas d'en faire le moins possible mais de faire *ce que vous faites* de la manière *la plus solide* possible. Cela signifie faire travailler vos oreilles (pour mémoriser le son) et vos muscles de la bouche (pour mémoriser les points d'articulation).

- Prenez conscience des points d'articulation à votre disposition. Toutes langues confondues, il n'existe au final qu'un nombre limité de manières de produire un son. En voici une liste non exhaustive :

    - Vous pouvez laisser passer l'air (voyelles) ou le bloquer (consonne).

    - Le son peut provenir du fond de la bouche (« o » français) ou du devant de la bouche (« i » français).

    - Le son peut provenir du bas de la bouche (« â » français ») ou du haut de la bouche (« é » français).

- La bouche peut être arrondie (« no » anglais) ou relâchée (« no » américain).
- La mâchoire peut être détendue (« i » de « pitch », en anglais) ou descendre (« ea » de « peach » en anglais).
- La langue peut aller au-delà des dents de devant (« th » anglais) ou rester à l'intérieur de la bouche (« s » anglais et français).
- Le son peut naître dans la gorge (« R » français), dans le fond de la bouche (« R » anglais) ou, en étant roulé, derrière les dents (« R » russe, hongrois ou, en français, régional).
- L'intonation peut être montante (comme lorsqu'on pose une question) ou descendante (comme lorsqu'on ne termine pas une phrase, là où on utiliserait des points de suspension à l'écrit).

Avoir une bonne prononciation est un travail musculaire

Prenez soin d'observer ces possibilités et d'autres dans votre langue cible, afin de mieux observer tout le travail musculaire qui existe dans la prononciation d'une langue. Produire un son correct – avoir une bonne prononciation – est un travail musculaire.

- Pour vous entraîner à prononcer et distinguer les voyelles proches, prenez une phrase et répétez-la en disant uniquement les voyelles. Par exemple, pour quelqu'un qui apprendrait le français, au lieu de dire « Le chat est là sur le toit », il répéterait « e, a, é, à, u, e, oi ». C'est un excellent exercice d'isolation.

Commencer une langue par la phonétique plutôt que des définitions de mots ou la grammaire est une excellente approche. Avant de pouvoir comprendre des phrases ou des mots, aussi simple que cela puisse paraître, on a d'abord besoin de parvenir à distinguer les sons les uns des autres. Ensuite, on distinguera les mots les uns des autres.

Travaillez la phonétique en connaissant les sons qui existent dans votre langue cible puis en écoutant régulièrement la langue, puis en commençant à apprendre du vocabulaire sous forme d'expressions et pas juste sous forme de mots. Ceci vous amènera naturellement à prononcer des phrases correctes et facilement compréhensibles par les natifs.

Acquérir de bons moyens pour vous habituer aux sons d'une langue, en plus de vous aider à être compris dans votre langue actuelle, vous donnera aussi des facilités pour apprendre des langues supplémentaires.

5.3 Abandonner le français

Imaginez que vous traversiez la Manche à la nage. Cela peut sembler impressionnant à faire. La situation est beaucoup plus confortable sur la rive française, les pieds au sec. Puis vous vous mettez à nager. Vous nagez, vous avancez... Vous songez peut-être pendant longtemps au fait qu'il est toujours possible de faire marche arrière. Puis comme vous avancez, vous avez peut-être peur, jusqu'au moment où vous franchissez le milieu et où atteindre la rive anglaise devient le meilleur choix : c'est la rive la plus proche. Reculer n'a plus de sens. Vous avez franchi un cap. Vous n'êtes toujours pas arrivé mais vous savez que maintenant vous n'êtes plus vraiment le même. Vous avez fait le plus gros du voyage. Vous allez arriver de l'autre côté. La confiance n'est pas la même. La confiance augmente dès que l'on sait avoir fait le plus gros du travail.

Pour parler une nouvelle langue, c'est un peu la même chose. Il y a un moment où il faut accepter d'abandonner le français. Vous songerez peut-être longtemps au fait que, après tout, vous pourriez bien vivre sans parler d'autre langue. Que vous n'avez peut-être pas besoin ni même vraiment envie de cette langue cible. Que vous pourriez vous en passer. Vous seriez déçu mais ce ne serait pas la mort non plus. Plus d'efforts à fournir. Vous pouvez donc toujours abandonner. Vous savez que votre confiance en vous en pâtirait mais la possibilité de faire marche arrière reste réconfortante.

Tout comme, dans une traversée à la nage, on peut se permettre de ne plus penser à la rive de départ, ou d'y penser moins : on peut se permettre d'abandonner notre langue natale, lorsqu'on en apprend une nouvelle. Même avec un vocabulaire de moins de cent mots vous pouvez vous permettre de penser dans la nouvelle langue et de délaisser le français.

Tout comme vous n'êtes plus vraiment la même personne après une traversée à la nage, vous n'êtes plus vraiment la même personne lorsque vous parlez la langue. La beauté de la chose est que, sans attendre de parler parfaitement, vous pouvez abandonner le français pour baigner dans votre nouvelle langue.

Quelle forme cela prend-il, concrètement ? Par exemple, celle d'être régulier. Essayez de penser dans la langue au maximum chaque jour. Utiliser un ensemble de phrases dans votre nouvelle langue, à la place du français, va développer votre conscience et votre familiarité avec la langue. L'expression « apprendre une langue étrangère » est très mal choisie. Apprendre une langue, c'est avant tout la rendre familière et, pour cela, il s'agit d'accepter de penser uniquement avec cette langue quelque temps. En cela, les voyages aident, sans pour autant être indispensables. Après tout, tout se passe dans votre tête et dans le choix de vos activités. Pa exemple, rien ne vous oblige à lire en français quand vous pourriez lire dans votre nouvelle langue. Sans doute aurez-vous besoin de réduire les quantités au début mais l'option reste là et c'est à vous de la prendre. De la même manière, rien ne vous oblige à écouter du français quand vous pourriez habituer vos oreilles à la mélodie de votre novelle langue.

Alors, tout comme on a peur de quitter la rive de départ lors d'une traversée à la nage, vous risquez d'avoir peur d'abandonner le français en vous dirigeant vers votre nouvelle langue. Cela risque de vous sembler difficile à faire voire impossible à surmonter et, comme dans une traversée à la nage, les efforts et sortir de votre zone de confort paieront.

Le fait que cela fasse peur signifie aussi que c'est excitant…

Abandonner votre langue natale va créer une sorte de vide, un manque que vous remplirez par vos connaissances et votre soif d'apprendre la nouvelle langue. Vous trouverez sans doute cela étrange d'éviter de penser et parler en français, vous aurez moins de flexibilité dans vos pensées, mais c'est ce qui entraîne votre nouvelle langue le plus ! Cela donne du poids à ce que vous faites. Si vous rendez la nouvelle langue importante, presque indispensable, vous allez faire le nécessaire pour l'apprendre. Vous aurez la coopération de votre cerveau, qui déteste ce vide linguistique et préfèrera apprendre la nouvelle langue que de ne plus pouvoir communiquer. Si quelque chose devient important, ne vous inquiétez pas, votre mémoire elle aussi fera le maximum.

Comment marier cela au fait de vivre dans un pays francophone ? C'est simple. Vous avez bien sûr encore des obligations à parler français. Mais… Lorsque vous êtes seul, dans vos pensées ou lorsque vous faites quelque chose, arrêtez de penser en français. Lorsqu'un mot vous manque, recherchez comment le dire dans votre nouvelle langue. Cela peut sembler fastidieux et je ne vous demande pas de le faire pour tout, tout le temps mais, lorsque vous songez à un souvenir plaisant, à une de vos activités favorites ou à une histoire à raconter… Demandez-vous comment vous pourriez le raconter dans votre nouvelle langue. Vous serez heureux de vous servir de ces histoires par la suite face à des natifs, que ce soit sur Internet ou en personne.

Appliquez cette technique régulièrement, cela vous désinhibera à deux niveaux : avec le fait de penser dans la langue et, tout naturellement, avec le fait de PARLER dans la langue. Lorsque l'on pense dans la langue régulièrement, parler, c'est-à-dire exprimer ses idées, devient naturel. Le premier pas de la communication, c'est vous-même et vos pensées. Pensez dans la langue, parlez dans la langue, tout en abandonnant le français !

Le premier pas de la communication, c'est vous-même et vos pensées. Pensez dans la langue, parlez dans la langue, tout en abandonnant le français !

5.4 Faire de l'humour dans la langue

L'humour fait partie de ces chasses gardées, un peu taboues et protégées par la phrase : « Soit on l'a, soit on l'a pas ! ». Comme s'il s'agissait d'un don inné et, surtout, comme si c'était un sujet qui ne s'enseigne pas. Un peu comme d'être à l'aise avec les gens, de savoir parler au sexe opposé ou d'apprendre à se raser (!).

Pourtant… Gérer l'humour dans notre nouvelle langue sera évidemment un atout pour briser la glace alors je vais vous donner un coup de pouce pour passer la barrière de la langue et apprendre à faire de l'humour rapidement dans votre nouvelle langue.

Déjà, un bon point de départ : j'ai envie de dire que l'on est PLUS drôle dans une langue étrangère que dans sa langue natale (ou du moins c'est l'impression que cela donne) car faire de l'humour dans une autre langue est un signe d'intelligence, cela nous met en valeur, et en général, on part d'une bonne base, puisque notre public sera dès le départ plus réceptif. Tout le monde ou presque apprécie quelqu'un qui fait l'effort de parler notre langue natale. Parler la langue est déjà un bon moyen de briser la glace et, avec l'humour, on enfonce le clou!

Je ne vais pas vous donner un cours de comédie. Simplement pensez à ce qui fonctionne dans votre langue natale. Pas tant les mots en eux-mêmes que l'attitude et les thèmes que vous abordez quand vous faites naturellement rire ou que vous avez une bonne répartie. Quelques classiques... L'absurde, l'arrogance, l'autodérision, l'exagération, la surprise, inverser les rôles, mal interpréter volontairement quelque chose, induire en erreur volontairement autrui, jouer sur les sous-entendus... Bref, il y a beaucoup de manières de faire rire et de s'amuser par la parole ou l'attitude. Songez à ces différents moyens dans la liste… Et repensez-y quand vous pratiquez, que ce soit mentalement ou avec des gens. Imaginez des situations qui vous amusent… Tout cela vous aidera à rentrer dans le mouvement.

L'humour est évidemment quelque chose de personnel et ce sera à vous de voir ce que vous aimez le plus. Personnellement, j'aime bien utiliser des clichés sur la langue ou la culture. Pas en étant vulgaire ou méprisant mais en prenant les clichés à contre-courant. Par exemple, j'aime jouer sur ce que les touristes font de « typique » et qui est souvent bien éloigné de la réalité de ce que font les locaux. En gros, je me moque des touristes ! A l'opposé de cela, j'aime bien prendre un point de détail que peu de gens connaissent ou qui n'a pas d'importance et le sortir de son contexte, juste pour m'amuser. Par exemple, sur la cuisine.

Quelques exemples... Si on me demande…
« -What do you do in New York?! »
Il y a des chances que je réponde…
« - I dunno... I just love cheesecake! »

Parce que, d'une part, j'aime beaucoup les cheesecakes, c'est une drogue pour moi, et, d'autre part, parce que le cheesecake le plus courant c'est justement le « New York cheesecake ».

A Budapest, il y a une spécialité que l'on trouve dans tous les supermarchés, que j'aimais beaucoup, et qui ne se trouve pas vraiment en dehors de la

Hongrie. Cela s'appelle le Túró Rudi. Alors lorsqu'on me demandait pourquoi j'apprenais le hongrois, je répondais souvent que c'était parce que j'adore le Túró Rudi. A vrai dire, un des premiers mots que j'ai appris en hongrois, alors que je ne connaissais peut-être même pas 500 mots, c'est le mot « accroc », qui est pourtant loin d'être le plus courant, tout simplement parce que je voulais dire que j'étais *accroc* au Túró Rudi. D'ailleurs, ça peut être un autre moyen de faire de l'humour : utiliser des mots un peu rares que l'on n'est pas censé connaître lorsqu'on débute. Cela surprend nos interlocuteurs, permet de s'amuser et permet aussi d'être fier de notre vocabulaire. A ce niveau-là, l'argot est une petite mine d'or !

Vous pouvez aussi jouer à inverser les rôles. Lorsqu'un natif cherche un mot et que vous le trouvez avant lui, vous pouvez lui proposer de lui donner des cours de langue, *dans sa langue*. Ou bien, lorsque vous discutez avec un natif et qu'il vous félicite sur votre niveau, vous pouvez lui retourner le compliment en lui disant qu'il parle lui aussi très bien sa langue ! C'est totalement absurde et c'est bien pour ça que, avec quelqu'un qui a un minimum d'humour, ça marche généralement très bien.

Pourvu que ce soit vrai pour vous, vous pouvez utiliser les exemples suivant :

Si on vous demande comment vous avez appris l'anglais, répondez que c'est en regardant des séries télé.
Si on vous demande comment vous avez appris le japonais, répondez que c'est en faisant du karaté.
Si on vous demande comment vous avez appris l'italien, répondez que c'est en faisant la cuisine.

Répondez mi-figue, mi-raisin. Cela jette un doute chez votre interlocuteur sur le fait que vous êtes sérieux, tout en l'amusant, tout simplement car c'est surprenant.

La réponse la plus ennuyeuse, et généralement d'ailleurs fausse, à une telle question, qui est pourtant courante, c'est : « à l'école ». Pour bien apprendre une langue, on a en général besoin de sortir des chemins battus. Les méthodes classiques (école, livres, méthodes de langue) donnent des bases mais ce qui permet de bien parler c'est de s'amuser. Alors n'hésitez pas à parler de ce que vous faites d'amusant ou d'original pour apprendre. Si vous pensez que l'on ne peut pas apprendre le japonais en faisant du karaté, sachez que ça s'est déjà fait ! Il y a tout un art à trouver un sujet qui nous enthousiasme et à nous en servir comme d'un tremplin pour maîtriser la grammaire de la langue et un vocabulaire spécialisé qui *nous* intéresse. Au final, tout apprentissage se fait dans notre tête et le jeu consiste à savoir de quel sujet on veut se remplir la tête. Dans l'exemple du karaté, évidemment, ce n'est pas tant sur le tatami que l'on apprend de nouveau mots. Simplement, si c'est une passion, lire énormément sur le sujet ne ressemble pas à des efforts et cela permet d'acquérir beaucoup de vocabulaire tout en pratiquant beaucoup la grammaire, puis cela amène à rencontrer des pratiquants japonais.

Faire de l'humour dans votre nouvelle langue, ça peut aussi être juste d'apprendre et d'utiliser de petites phrases toutes bêtes que l'on aime déjà placer en français. Personnellement, j'utilise souvent, quelle que soit la langue :

« - Boude pas! »
« - Pleure pas! » (Alors que la personne se frotte juste l'œil.)

…parce que c'est mon style. Remarquez les petites phrases qui vous amusent personnellement et apprenez à les dire dans votre nouvelle langue. Le simple fait d'apprendre à les dire est un sujet de conversation nettement plus sympa, avec un natif, que de parler de grammaire ou de la crise.

Remarquez les petites phrases qui vous amusent personnellement et apprenez à les dire dans votre nouvelle langue

Il ne s'agit pas de faire le clown mais juste de faire ce qui nous amuse et, en général, c'est contagieux ! Ca peut aussi être de parler de trucs funs que l'on a faits ou vus dans la langue. Ensuite, ça reste humain et le côté naturel et aléatoire des rencontres rentre en jeu. Parfois, vous vous ennuierez même avec quelqu'un de très sympa. Ce n'est pas grave, c'est la vie ! Il ne s'agit pas de forcer les situations mais juste de chercher à profiter du peu de temps dont on dispose sur Terre pour s'amuser *gratuitement*, sans laisser cette opportunité purement au hasard. Qui plus est, connaître vos expressions favorites dans votre nouvelle langue vous permet aussi d'être vous-même et, ainsi, de vous mettre à l'aise avec les gens que vous rencontrez. C'est une bonne manière de briser la glace tout en pratiquant.

Quand vous combinez tout cela, vous avez aussi la chance de pouvoir utiliser le comique de répétition. Cela permet de développer une complicité et des *private jokes*.

Une petite technique pour finir, que j'appellerai « L'art de la pause ». Souvent, pour faire rire, on veut créer une sorte de suspense ET, comme on ne maîtrise pas forcément encore la langue, on veut avoir un certain temps de réflexion sans donner l'impression de chercher nos mots… On ne veut pas transformer toutes nos interactions en cours de langue. Parfois on veut juste vivre et profiter ! Alors la technique est la suivante… Lorsque vous sentez que vous avez quelque chose d'amusant à dire… Commencez ou continuez à parler pour que le fil de la conversation soit entre vos mains… Ensuite, prenez un air sérieux et ne finissez pas votre phrase… Le but est de créer comme des points de suspension dans votre phrase ET de créer du suspense… Vous profitez alors de ce petit moment en suspension, de ce petit suspens, pour *trouver vos mots* et, ensuite, sortir votre trait d'esprit. Si on résume, la formule consiste à : tenir le fil de la conversion + faire une ellipse + créer le suspense tout en réfléchissant + faire son comeback.

On ne veut pas transformer toutes nos interactions en cours de langue

Ce sont quasiment toutes des techniques que vous pouvez utiliser dès le début. Avant même de connaître mille mots dans la langue. Il s'agit plus d'une attitude détendue que de connaissances linguistiques.

5.5 Bien s'entourer

Etre bien encadré dans votre nouvelle langue c'est être bien encadré niveau contenus (vous avez toujours de quoi pratiquer) et niveau humain (vous avez plein de personnes sympas avec qui rire un bon coup).

5.5.1 Les contenus

On a parlé de l'importance de l'immersion et je ne reviendrai pas dessus. Rappelez-vous que l'immersion ne passe pas forcément par l'expatriation. Prenons deux exemples un peu extrêmes : il est préférable de passer des heures chez soi entouré de séries télé, livres audio et sites Web dans la langue, plutôt que d'aller dans le pays et de passer tout son temps en cours de langues avec d'autres expatriés. L'immersion, ce n'est pas de la géographie. L'immersion, c'est juste être entouré par la langue.

Que vous voyagiez ou non, parmi les moyens de se retrouver en immersion, les contenus jouent un grand rôle. Dans le vocabulaire que vous apprenez en premier, le vocabulaire lié aux contenus et *à la recherche* de contenus figure donc en bonne place. Dans cette partie, on va donc voir ce que vous pouvez faire pour améliorer votre recherche et votre utilisation de contenus dans la langue cible.

Même si vous avez des amis natifs, vous aurez besoin et surtout ENVIE d'avoir des contenus dans la langue cible. Pour cela, il est bon d'apprendre quelques mots spécialisés, tels que :

Pour *les contenus* eux-mêmes, on voudrait connaître dans la langue des mots précis tels que :

Musique	Livre	Livre audio	Forum
Paroles	Dictionnaire	Podcast	Chat-room
Chanson	Livre de grammaire	MP3	
	Liste de fréquence		

Pour *la recherche* de ces contenus, on voudra savoir dire :

Site web	Télécharger	E-mail
Page web	Fichier	
Moteur de recherche	Dossier	
Rechercher		

Apprenez donc comment dire tous ces mots dans votre nouvelle langue. Prenez soin d'utiliser un dictionnaire récent et/ou de vous faire aider par des natifs, pour être sûr d'avoir le mot correct pour les expressions liées à la technologie.

Je vous ai donné des listes un peu courtes mais, évidemment, il s'agit de savoir utiliser ces mots dans des expressions. Par exemple, comment dit-on « écouter un livre audio » et pas juste « livre audio » ou bien comment dire « ouvrir un fichier » et pas juste « fichier ». L'idée est que vous sachiez parler de vos actions et de vos recherches, non seulement pour que cela soit plus facile à effectuer pour vous, mais aussi pour que cela vous fournisse un sujet de conversation supplémentaire avec les natifs. Qui plus est, savoir parler des contenus que vous utilisez ou souhaitez utiliser dans la langue encouragera vos correspondants à vous en recommander et à vous aider à en trouver davantage.

5.5.2 Le cercle social

On parle souvent du fait que c'est important de se constituer un réseau pour réussir dans la vie. Ca a un petit côté utilitaire ou manipulateur qui ne me plaît pas toujours mais le fait est bien là : plus on connait de monde, plus on a d'options pour, à la fois, avoir des connaissances sympathiques, des connaissances professionnelles avec qui faire quelque chose et, bien sûr, la chance de développer des amitiés solides. Tout cela sera vrai et encore plus important ET naturel en langues vivantes.

On ne réussit jamais seul. Le mythe du héros solitaire qui parvient à vaincre seul contre tous, ça ne marche qu'au cinéma hollywoodien ! Vous avez besoin de vous créer un cercle social dans la langue cible. Il y a plusieurs manières de formuler cette idée. Nous sommes le fruit des autres. Nous sommes le centre de notre cercle social. Si tous vos nouveaux amis ne parlent que votre langue cible, il est évident que vous allez avancer à vitesse grand-V.

Lorsque j'ai appris l'anglais, j'avais constamment au moins entre 150 et 200 connaissances avec qui parler anglais sur Internet. Il n'y avait pas que des natifs mais j'avoue que je privilégiais ma communication avec les natifs. Je discutais tous les soirs et parfois pendant des heures avec des Américains, des Canadiens, des Britanniques (Anglais et Ecossais surtout, je ne sais pas où étaient les Gallois et les Irlandais, le hasard !), des Allemands, des Néerlandais et d'autres nationalités. Alors, bien sûr, je n'avais pas un lien aussi personnel avec chacune de ces personnes mais le résultat était là : j'avais un petit cercle social d'une quinzaine de personnes avec qui j'adorais discuter et, si j'avais envie de parler, avec souvent plus de 200 personnes dans mes contacts, je trouvais toujours quelqu'un en ligne avec qui discuter ! Notez que le gros de ces communications se faisait par messagerie instantanée ou dans des chat-rooms spécialisées. Cela veut dire que je négligeais un peu mon oral à l'époque (ce qui est évidemment dommage) mais je pouvais discuter avec plusieurs personnes en simultané. A vrai dire, assez rapidement, je n'avais pas l'impression de *faire de l'anglais*, tellement c'était devenu habituel.

Quels que soient vos conditions et votre centres d'intérêt, vous aurez besoin de vous créer un cercle social dans votre nouvelle langue ! Je vous conseille fortement aussi d'éviter les gens qui apprennent votre langue natale. Cela peut être sympa au début si vous voulez échanger des *cours* de langue et que vous avez vraiment un budget serré. Mais, personnellement, je vous conseille de ne pas mélanger cours de langue et plaisir de communiquer. Ce n'est pas la même chose. Pensez à vos camarades de classe à l'école. Est-ce que vous étiez amis pour apprendre et avoir de bonnes notes ou pour vous amuser et passer de bons moments ? Si vous ne voyez des gens QUE pour réviser la langue, vous passez à côté de l'aspect « bon vivant » des langues. C'est décourageant. Je vous conseille plutôt de payer pour vos cours de langue et de rencontrer des gens principalement pour vous amuser.

Si vous ne voyez des gens QUE pour réviser la langue, vous passez à côté de l'aspect « bon vivant » des langues

Alors, où rencontrer des gens ? Cela dépendra évidemment de la présence de votre nouvelle langue dans le monde mais voici quelques pistes.

Hors-ligne… Partout évidemment ! C'est là qu'être sociable paye, surtout si vous voyagez et, si vous voyagez, cela vous pousse aussi à être sociable ! Donc la rue, les parcs, les centres commerciaux, les cafés. Les bars, les discothèques, les concerts… Plus vous sortirez, plus vous aurez de chances de rencontrer du monde. Si vous êtes dans le pays, le seul frein c'est la timidité. On peut aussi se mettre à l'aise en partant à l'aventure avec un peu d'aide d'Internet.

Que vous soyez en France ou dans le pays, je vous recommande certains sites Web. Il existe *énormément* de sites Web pour les rencontres linguistiques alors je ne vous recommanderai que ceux que je considère *vraiment* bien. Il y a :

CouchSurfing d'abord, pour boire un verre ou, encore mieux, se faire héberger ou héberger gratuitement. L'adresse : http://www.couchsurfing.org

MeetUp, pour rejoindre des gens qui partagent vos passions. Ca peut aussi bien être un groupe pour faire du tricot qu'un groupe de professionnels qui veulent « réseauter ». L'adresse : http://www.meetup.com

ConversationExchange, pour trouver des natifs avec qui échanger en personne ou par e-mail ou bien encore par Skype. Le meilleur site d'échange linguistique à mon goût car, en plus d'être gratuit, l'interface est très claire et rapide d'utilisation, ce qui n'est pas le cas chez ses nombreux concurrents. Ensuite, les échanges suivent la loi de l'offre et de la demande : pour les langues rares vous serez comme un roi tandis que pour d'autres vous serez en concurrence avez tous les autres apprenants. L'adresse : http://www.conversationexchange.com

Si vous êtes en France, participez à des soirées d'expatriés du ou des pays qui parlent votre nouvelle langue, vous serez le bienvenu. Les expatriés, du moins ceux qui restent entre eux à l'étranger, vivent souvent dans un paradoxe : d'une part ils ont envie de rencontrer des gens du pays, d'autre part ils restent entre eux à cause d'une « barrière » de la langue qu'ils ne savent pas soulever. MeetUp est souvent une bonne ressource pour ce genre de soirées, sinon essayez simplement une recherche sur le Web.

Ce sont des moyens simples et rapides de se faire des contacts, qui n'empêchent évidemment pas d'être courageux et de sortir seul à l'aventure.

5.5.3 Fuir les francophones

J'ai déjà mentionné cela plusieurs fois mais cela mérite une partie dédiée. C'est suffisamment important et même critique ! Il s'agit de *fuir les francophones* ! Ou, si vous parlez anglais et que c'est une autre langue que vous apprenez, de fuir les anglophones.

Aller à une soirée d'expatriés en France et passer son temps à parler avec des français ou bien aller à l'étranger et n'avoir que des amis francophones… C'est le meilleur moyen d'échouer sur tous vos objectifs langues.

Non seulement vous avez besoin d'immersion pour pratiquer mais, si vous faites du français tout le temps, votre besoin de parler la nouvelle langue disparait et c'est votre motivation, votre énergie pour apprendre, qui vont disparaître aussi.

Ce qui envoie le message à notre cerveau comme quoi apprendre la nouvelle langue est important, c'est d'avoir effectivement *besoin* de cette nouvelle langue. C'est constructif.

Donc fuyez les francophones. Vous aurez tout le temps de vous faire des amis francophones en rentrant en France ou le reste du temps si vous vivez en France. Quand vous pratiquez la langue, cela doit être sacré : pas de français !

5.5.4 Refuser de passer au français

Si on bascule vers votre langue natale ou une autre langue que vous connaissez mais qui n'est pas celle que vous voulez apprendre aujourd'hui, refusez-le poliment en disant que vous ne la parlez pas.

Par exemple, imaginez que vous apprenez l'espagnol, que vous êtes dans un café en Espagne et que la serveuse bascule au français ou à l'anglais en entendant que vous avez un accent. Dites alors que vous ne parlez pas français (ou anglais) et continuez à essayer de parler espagnol.

Si vous n'aimez pas mentir, considérez que ce n'est pas un mensonge mais l'expression d'un désir. Vous ne parlez pas français car vous ne *voulez* pas le parler. Personne n'a à vous imposer de vous parler une langue étrangère quand vous apprenez la langue du pays.

La majorité des gens est accueillante, surtout quand vous parlez leur langue. Ne laissez donc pas une ou deux personnes revêches gâter votre plaisir !

5.6 Aider les natifs à vous aider

On vient de voir comment se constituer un réseau d'amis et de connaissances dans la langue assez rapidement. Maintenant, j'aimerais que nous voyions comment faire pour que ces gens nous aident à apprendre le maximum, le plus rapidement possible, avec le moins d'efforts, pour eux comme pour nous.

Pour cela, il s'agit d'aider les gens à vous aider. Les questions à se poser sont : Comment tendre des perches aux natifs pour qu'ils devinent ce que nous voulons dire ? Comment faire pour qu'ils nous aident dans leur langue avec le moins de français possible ? Je ne parle pas des professeurs de langue mais des gens que vous croiserez au cours de votre aventure linguistique.

Tout le monde n'a pas la même intuition en langues, qu'il s'agisse de langues natales ou de langues apprises plus tard. Certaines personnes vous aideront à apprendre des expressions, à en deviner, bref : à enrichir votre niveau dans la langue cible… et d'autres personnes non, elles ne comprendront pas où vous voulez en venir, même si elles sont de bonne volonté !

De la même manière, parfois vous aurez une langue commune avec votre interlocuteur et parfois non. Si vous n'avez aucune langue commune dans laquelle vous parlez tous les deux couramment, vous serez bien obligé de vous débrouiller avec la langue que vous apprenez, même si vous débutez !

Ce que j'ai voulu faire ici, c'est rassembler quelques astuces qui peuvent vous aider face à ces situations pour optimiser votre communication et ce que vous apprenez au contact des autres.

5.6.1 Apporter de la valeur

Mettons que vous soyez avec un natif et que vous ne comprenez pas ce qu'il vient de dire. Il y a plusieurs manières de réagir. La classique et la moins utile : « J'ai pas compris, est-ce que tu peux répéter ? ». C'est ce que l'on fait en français parce que c'est notre langue natale. Ce n'est pas fantastique pour pratiquer une langue parce que tout ce que cela laisse comme option à votre interlocuteur, c'est de répéter ce qu'il vient de dire, sans savoir sur quoi insister. Non seulement cela ne sert pas à grand-chose mais c'est même négatif, puisque personne n'aime se répéter et que les dialogues de sourd deviennent vite très fatigants. Demandez donc aux gens de répéter si c'est le bruit ou une distraction qui sont en cause, sinon, essayez quelque chose de plus constructif.

Notez que c'est normal de ne pas tout comprendre tout le temps, surtout au début.

Une bonne manière d'aborder la situation, c'est d'apporter de la « valeur ». C'est-à-dire : apportez de l'information, des précisions, sur ce que vous n'avez pas compris, afin d'obtenir un éclaircissement.

C'est votre responsabilité de rendre la vie plus simple à votre interlocuteur

L'idée est très simple : soyez le plus précis possible sur ce que vous n'avez pas compris. C'est votre responsabilité de rendre la vie plus simple à votre interlocuteur. Ce n'est pas sa faute si vous ne parlez pas encore couramment ET ce n'est pas enrichissant pour vous de lui demander d'utiliser un langage simplifié ou de parler ultra-lentement. On veut rendre ces moments d'incompréhension les plus courts possibles, rendre tout cela plus agréable et éviter de perdre le fil de la conversation.

Pour cela, la précision donc. Par exemple, plutôt que de dire « Tu peux répéter ? » demandez-lui « C'est quoi un... », en essayant de répéter le mot que vous n'avez pas compris. Il saura SUR QUOI il peut vous aider au lieu d'être bêtement face à quelqu'un qui ne le comprend pas.

Un autre exemple. Si vous découvrez un nouveau mot en compagnie de quelqu'un et que vous n'êtes pas certain d'avoir compris distinctement sa prononciation... Répétez le mot mais uniquement sur la partie dont vous êtes sûr. Votre interlocuteur le répètera alors en insistant sur la syllabe suivante, ce qui vous aidera à mieux la distinguer. Cela évite à votre interlocuteur de répéter de manière monocorde, ce qui ne vous aiderait pas.

Utilisez aussi les outils de la partie « Faire face à l'inconnu » pour identifier plus clairement les parties qui vous posent problème.

Si vous ne comprenez rien du tout à une phrase, excusez-vous et dites clairement que vous n'avez rien compris. Votre interlocuteur saura que ça ne sert à rien de répéter la même phrase tout de suite ou de la même manière et il vous expliquera ce qu'il voulait dire différemment, en vous parlant normalement mais avec des phrases plus simples, plus digestes. Cela fait gagner du temps à tout le monde et vous permet de continuer à apprendre et parler.

Si vous sentez votre interlocuteur perdu, à court de mots pour vous expliquer, ce qui arrivera souvent s'il ne parle aucune langue étrangère, relancez-le avec des questions simples. Identifiez de quel objet il parle par exemple. Utilisez des comparaisons. Le but est de cerner de quoi on parle afin d'être précis. Voyez cela comme un système de zoom.

Vous aurez peut-être parfois de petits fous rires entre vous à cause de quiproquos ou d'échecs complets de la communication mais cela arrive et, au final, le fou rire détend l'atmosphère. De manière générale, si vous êtes de bonne volonté, vous créerez la même attitude chez votre interlocuteur. Soyez constructif et gardez en tête le fil de la conversation et tout ira bien.

5.6.2 Encourager les explications

Une astuce pour apprendre du vocabulaire ou deviner le sens de ce que vous dit votre interlocuteur, c'est de poser des questions du type « Que fait Bidule ? ».

Par exemple, si vous essayez de vous rappeler ou d'apprendre le mot « briller » dans votre nouvelle langue, posez la question « Que fait le soleil ? » (on apprend généralement le mot « soleil » avant le verbe « briller »). Ca marche pour tout un tas d'activités… « Qu'est-ce que l'on fait avec une voiture ? » (conduire). « Où est-ce que l'on va pour étudier ? » (l'université, ou l'école). « Que fait un oiseau ? » (voler). Evidemment, les gestes peuvent servir aussi. Ce qui est intéressant c'est d'apprendre votre nouvelle langue en vous servant uniquement d'elle, sans avoir à l'interrompre avec une autre langue.

Apprenez votre nouvelle langue en vous servant uniquement d'elle, sans avoir à l'interrompre avec une autre langue

5.6.3 Parler de la langue elle-même

Les expressions telles que « comment tu prononces ? » ou « c'est quoi le synonyme de… ? » vous aideront à parler de la langue avec les natifs eux-mêmes. Donc apprenez ces expressions dans votre nouvelle langue. Cela permet non seulement d'apprendre du vocabulaire nouveau mais de sortir de situations frustrantes telles qu'avoir un mot sur le bout de la langue, ne pas être compris sur un mot que l'on connaissait bien parce que notre prononciation n'est pas comprise et ainsi de suite.

Liste utile :

- Verbe, Nom, Adjectif, Adverbe
- Prononcer, Rimer
- Langue, mâchoire, cordes vocales
- Les temps. Passé. Futur. Présent.
- Les modes. Conditionnel. Impératif

- Dictionnaire, Synonyme, Conjugaison
- Les noms des personnes (pour la conjugaison). Je, Tu, Il, etc. ou les numéros de personne pour en parler. 1ère personne du singulier, 2ème personne du singulier, etc.
- Terminaisons. Préfixes. Suffixes. Racine du mot.

Cela vous permet de poser des questions telles que « Il y a un verbe à partir de ce nom ? » ou bien de clarifier une phrase mal comprise parce que vous avez un doute sur la fonction d'un de ses mots.

C'est d'autant plus important que, face à quelqu'un qui ne parle QUE la langue que vous apprenez, le seul moyen d'avoir la réponse à votre question est souvent d'utiliser un mot de grammaire. Par exemple, si on veut savoir quelle est la deuxième personne du singulier du verbe « être » à l'impératif, on peut lui demander « Comment on dit 'tu es' à l'impératif ? »… pourvu de savoir dire « impératif » dans la langue, mot qui est difficilement remplaçable par un autre !

Un autre exemple. Si vous recherchez un mot que vous avez sur le bout de la langue, dire « ça rime avec le mot Bidule » ou « Je crois que ça commence par un son 'Sssh' » seront d'une aide précieuse.

Vous êtes en train d'essayer de parler une langue couramment alors, forcément, savoir parler de *ce que vous apprenez* s'avérera utile ! Ca pourrait sembler un peu masochiste et c'est pourtant d'une aide précieuse. Je dirais qu'après les 1 000 premiers mots à l'oral c'est un des éléments les plus importants. Les listes de fréquence ne reflètent pas cette importance puisque, dans une langue, entre natifs, on ne parle quasiment jamais de vocabulaire ou de phonétique. Pour un apprenant, en revanche, c'est une aide précieuse. Cela transforme tout natif en une aide précieuse ! Oubliez vos dictionnaires de poche !

Remarquez que, dans certaines langues, vous aurez peut-être des termes de grammaire importants à connaître et qui ne se retrouvent pas dans d'autres langues. Remarquez-les et apprenez à en parler en français et dans la langue cible. Par exemple, en anglais, on a les verbes à particules (« phrasal verbs ») qui n'existent pas en français ou bien, en hongrois, on a les préverbes, qui n'existent ni en français, ni en anglais. Il ne s'agit pas de connaître *tout* le vocabulaire de la grammaire mais simplement les mots sur lesquels vous avez des questions. Tant que vous débutez vraiment, vous n'aurez peut-être pas de questions à ce sujet parce que vous êtes encore dans une phase de découverte. Très rapidement, ceci dit, cela pourra être utile pour obtenir des éclaircissements. Vu que dans tous les cas vous aurez besoin d'apprendre la grammaire pour savoir ce qui existe et comment l'utiliser correctement, autant apprendre à en parler dans la langue cible, en partant du principe qu'en plus d'être utile en soi, il est plus intéressant de réviser de la grammaire *avec un natif, en utilisant un exemple concret*, plutôt que dans un livre ou avec des exemples artificiels.

Apprenez donc à dire, dans la langue, les mots dont nous venons de parler, ou du moins ceux qui vous intéressent le plus. Par exemple, si vous bossez la prononciation, mémoriser les expressions liées à l'oral et aux muscles du visage. Cela vous amènera à poser des questions intéressantes et à apprendre de la grammaire sans avoir l'impression de fournir d'efforts.

5.6.4 Généraliser avec les mots-valises

J'appelle « mots-valises » tous les mots qui peuvent prendre la place d'un autre mot pour généraliser. Un peu comme un joker peut prendre la place de toute autre carte dans une partie. Par exemple, en français : « quelqu'un », « quelque part », « quelque chose » sont des mots que l'on peut utiliser à la place de, respectivement, « Bob », « dans le garage », « une éponge ».

L'avantage de ces mots-valises, c'est qu'ils permettent de poser des questions sans s'embêter avec les détails. Au lieu de dire « Bob va à la poste », je peux dire « Quelqu'un va quelque part ». Ce sera utile pour insister sur le verbe, plutôt que sur l'auteur de l'action ou le lieu.

Prenons l'exemple de quelqu'un qui apprend le français. Au lieu de poser comme question « Est-ce que je dis : 'Bob pense *du* chien' ou 'Bob pense *au* chien' ? », pour savoir quelle forme est correcte, il peut demander simplement : « 'Penser *de* quelqu'un' ou 'Penser *à* quelqu'un' ? ». On lui répondra « Penser *à* quelqu'un ». Cela lui permet d'insister sur la partie qui l'intéresse : les mots-valises permettent d'aller droit au but.

Prenons un exemple en hongrois. En hongrois, les mots se déclinent. Cela veut dire qu'il faut ajouter une terminaison précise à la plupart des mots, selon la fonction qu'ils remplissent dans la phrase. Par exemple, un chien se dit

« kutya » mais si on parle d'acheter un chien cela devient « kutyat » tandis que, si on parle de donner quelque chose à un chien, cela se dit « kutyanak ». La terminaison en « -t » indique le complément d'objet tandis que la terminaison en « -nak » indique le destinataire d'une action.

Grâce aux mots-valises, quand j'ai une question, je peux m'épargner les détails et poser directement la question à laquelle je veux réponse. Voici l'exemple : en hongrois, penser se dit « gondol ». Si je veux savoir comment on dit penser *à quelqu'un* (en hongrois, « valaki ») et que j'hésite entre deux terminaisons, je peux directement poser cette question : « Gondol valaki*t* ? Gondol valami*re* ? ». Mon interlocuteur me répondra alors « Gondol valamire » pour m'indiquer que c'est la forme correcte.

Comprendre le fonctionnement d'une langue, c'est être capable de généraliser tout en étant correct

Cela peut sembler être du travail supplémentaire mais comprendre le fonctionnement d'une langue, c'est justement être capable de généraliser tout en étant correct. Qui plus est, cela évite d'inventer un exemple à chaque fois que l'on a une question et c'est donc un gain énorme en temps et en efficacité. La vérité est aussi que les questions sur le fonctionnement de la langue vous reviendront souvent quand vous êtes au beau milieu d'une conversation. Utiliser les mots-valises permet de poser une question rapidement, parce qu'elle nous passe par la tête, puis de poursuivre notre conversation normalement, sans se perdre en exemples.

Ce que je vous demande de faire, donc, c'est la liste de ces mots-valises dans votre langue cible. Il s'agit simplement de savoir comment on dit « quelqu'un, quelque part, quelque chose ». C'est la liste de base qui couvrira quasiment tous vos besoins.

5.7 Se relire

Un point très simple pour s'améliorer dans une langue quelle qu'elle soit… Se relire ! Cela se joue à plusieurs niveaux. Lorsque vous écrivez à quelqu'un, prenez le soin de vous relire avant d'envoyer votre message, pour vous assurer qu'il est correct. Relisez aussi les textos que vous avez envoyés par le passé, les e-mails, vos historiques de conversations MSN, Skype, Facebook et ainsi de suite.

Tout ceci vous permet d'améliorer vos messages, de rafraîchir votre vocabulaire, de vous corriger – même plus tard – et de voir vos progrès.

Je sais, c'est parfois fatiguant de se relire lorsqu'on écrit à quelqu'un. Alors, visez la satisfaction d'avoir envoyé un message correct et de mieux maîtriser la langue petit à petit. Posez-vous des questions pas simplement au niveau du sens et de la grammaire mais, de manière générale, posez-vous cette très bonne question : « Est-ce que ça sonne bien ? ». Est-ce que ça « sonne » comme quelque chose que vous avez déjà entendu ou lu ?

Pour ce qui est de relire d'anciennes conversations, cela ne demande pas vraiment d'efforts et, si vous respectez les principes qui aident à apprendre, surtout évidemment l'idée de faire des choses AGREABLES dans votre nouvelle langue… Eh bien, c'est un PLAISIR de relire d'anciennes conversations. Cela rappelle de bons souvenirs. Ce faisant, cela ravive votre mémoire et compte dans votre temps de pratique.

5.8 L'utilisation du dictionnaire

Un petit mot sur les dictionnaires… Outil indispensable pour améliorer la qualité de sa communication et transférer ses idées du français à notre langue cible.

Pour notre exemple, mettons que vous appreniez l'anglais. La question sera alors… Quel dictionnaire est le plus important? Un dico anglais-français ou français-anglais? Le premier, le dictionnaire « anglais-français », sera le plus important ! Pourquoi ? Parce qu'il amène à *partir* de la langue étudiée pour la comprendre. On veut toujours pouvoir partir de la langue étudiée. C'est ce que l'on fait lorsqu'on participe à une conversation ou que l'on regarde des contenus dans la langue. Le dictionnaire « français-anglais », lui, à l'inverse, pousse à traduire. C'est utile parfois car c'est le seul moyen de trouver le mot juste mais, par défaut, il est préférable de ne jamais traduire ou presque. A la place, utilisez ce que vous connaissez de la langue. Encore une fois, le moins vous utilisez votre langue natale, le plus vous utilisez la langue étudiée, et le mieux c'est. Cela développe vos pensées dans la langue et, ainsi, votre autonomie. N'oubliez pas : votre objectif pour parler avec naturel est de délaisser puis d'abandonner le français.

Prenons quelques exemples. Mettons que vous cherchiez comment on dit en anglais « donner sa main », pour traverser la route par exemple. Il y a de bonnes chances pour que vous connaissiez le mot « donner » ou le mot « main ». Seulement, ce n'est aucune garantie que votre nouvelle langue utilise la même image. Vous avez alors l'option entre chercher l'expression dans un dictionnaire côté français ou côté anglais. Choisissez votre expression côté anglais. Cela vous amènera à penser dans la langue. Vous utiliserez les mots que vous connaissez pour voir comment les marier pour formuler l'expression, l'idée, que vous voulez communiquer (et trouver dans le dictionnaire). Faire le contraire vous amènerait juste à traduire, sans aucun gain, ni pour votre capacité à réfléchir dans la langue, ni pour votre capacité à abandonner le français.

Le mieux, à terme, sera évidemment d'utiliser un dictionnaire unilingue. Vous pourrez faire cela lorsque vous maîtrisez le vocabulaire courant et un vocabulaire plus vaste. Lorsque vous pourrez parler de tout sujet sauf des sujets spécialisés, le dictionnaire unilingue sera le bienvenu. Cela se produit lorsque vous connaissez environ 5 000 mots dans la langue.

Pour estimer la quantité de mots que vous connaissez dans votre langue cible, procurez-vous une liste de fréquence. Parcourez la liste rapidement jusqu'à atteindre une partie où vous ne reconnaissez plus les mots puis notez le numéro de la ligne en question. Cela vous donnera une idée de la quantité de mots que vous connaissez.

Fiche-synthèse : améliorer sa communication

Récapitulatif – Améliorer sa communication

Mémorisez et utilisez les moyens suivants :

- ☐ **Observez comment les mots se combinent :** avec quels autres mots le vocabulaire que vous apprenez apparait-il ? Mémorisez sous forme d'expressions, pas de mots isolés.
- ☐ **Travaillez la phonétique en travaillant les muscles** de votre bouche, de votre visage et de votre gorge.
- ☐ **Faites de l'humour** dans votre nouvelle langue.
- ☐ **Poursuivez votre immersion :** constituez-vous une bibliothèque de contenus et un cercle social enrichissant.
- ☐ **Soyez précis** sur ce que vous ne comprenez pas et utilisez des exemples pour **encourager les explications.**
- ☐ Parlez de votre nouvelle langue ***dans*** votre nouvelle langue.
- ☐ **Faites la liste des mots-valises** dans votre nouvelle langue. Apprenez à dire « Quelqu'un a fait quelque chose quelque part ».
- ☐ **Relisez-vous,** quand vous écrivez mais aussi quelques jours ou semaines plus tard.
- ☐ **Pensez dans la langue !** Pensez dans la langue ! Pensez dans la langue !

Assimilez chacun de ces outils sur les 7-10 jours à venir. Commencez dès maintenant avec le premier de la liste.

CHAPITRE 6
GERER SON TEMPS

Le temps, le temps, le temps !... Il est indispensable d'avoir du temps pour apprendre une langue. On manque tous de temps et, pourtant, le temps est partout. Alors comment faire ? Cette partie vous donne tous les moyens pour mettre le temps à votre service, au lieu de le subir.

6.1 Faire du temps un allié

En langues vivantes, penser au temps décourage souvent. Les images comme quoi cela demande des années avant de pouvoir parler couramment, ou même des années ou des mois avant de pouvoir parler tout court, sont encore fortes ! Avec la mauvaise approche, c'est sûr, c'est un marathon, et pas dans le sens le plus glorieux du terme. Avec la bonne attitude et les bonnes techniques, en revanche, le temps devient *un allié* pour apprendre une langue.

J'ai envie de rire lorsque je lis qu'il faut, par exemple, 5 ans pour apprendre le Hongrois. Qui, sérieusement, QUI aurait le courage de se lancer dans un projet qui prend 5 ans ?!! Qui plus est sans certitude de réussite. La vérité est que, si cela peut prendre des années et des voyages pour passer pour un natif, parler une nouvelle langue avec autant d'aise que sa langue natale sur 95% des sujets de conversation ne demande pas un investissement de plusieurs années.

Après quelques semaines on peut se débrouiller dans de nombreuses langues. Tout est question d'approche et beaucoup se joue dès le départ. Nos débuts dans la langue « donnent le rythme ». S'il vous faut un mois ou un an pour avoir des bases solides, cela crée une différence énorme dans ce que vous pouvez acquérir la première année. Non seulement la personne qui atteint des bases solides en 1 mois tire davantage de satisfaction, de confiance en elle et de capacités de son travail mais elle peut mettre à profit les 11 mois restant de manière beaucoup plus intéressante !

C'est pour cela que bien débuter est critique. Je vous montre une comparaison avec les intérêts cumulés. Les intérêts cumulés, dans le système bancaire, désigne le fait que, si vous mettez de l'argent de côté, non seulement vous touchez des intérêts sur la somme elle-même mais, par la suite, vous touchez aussi des intérêts sur les intérêts eux-mêmes.

De manière concrète, il existe une manière simple de devenir millionnaire. Si vous mettez 10 euros de côté par jour pendant 40 ans, à 8% d'intérêt… Voyons quelques courbes pour illustrer tout cela. Sur l'axe horizontal on a les années, jusqu'à 40 ans et quelques et, sur l'axe vertical, on a le total des sommes disponibles dans différents scénarios d'investissement.

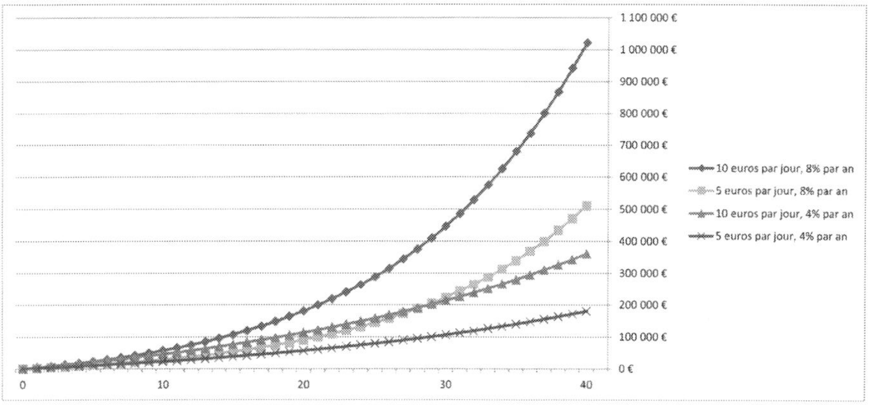

Intérêts cumulés sur 40 ans

En investissant 10 euros par jour pendant 40 ans, à 8% d'intérêt : à la fin de la 40ème année, on dispose de plus d'un million d'euros de capital. Si on réduit à 5 euros par jour et 4% d'intérêt, on approche des 200 000 euros sans pour autant les atteindre. Le premier investissement est la méthode sûre et lente de devenir millionnaire. Il y a des exemples de personnes qui le sont devenues grâce à cette méthode. C'est une course de longue haleine (40 ans !) et cela demande de la discipline pour épargner mais on ne peut pas dire que ce soit compliqué ou difficile.

Dans ces exemples liés à l'argent, on peut voir qu'il y a deux principaux facteurs qui jouent sur les résultats. La capacité à épargner chaque jour et, davantage encore, le taux d'intérêt. Ce qui rend l'ensemble impressionnant c'est qu'une modification, même faible, d'un de ces facteurs peut avoir de grosses répercussions.

Revenons-en aux langues vivantes. Est-ce qu'il n'y existe pas des mécanismes similaires ? Est-ce qu'il n'y a pas des facteurs dans notre manière d'apprendre, qui peuvent faire de grosses différences dans le temps ?

Quelques idées sous forme de questions… Combien de mots apprenez-vous chaque jour ? Avez-vous avez un système en place qui vous permet d'apprendre davantage de mots sans fournir davantage de travail (tout comme les intérêts fournissent davantage d'argent sans que l'on fournisse davantage de travail) ? Cela pourrait être, par exemple… Etre capable de *deviner* du vocabulaire à partir de celui que l'on connait !

La connaissance d'une langue n'est pas un domaine mesurable aussi facilement qu'un compte en banque mais cela ne doit pas empêcher de chercher. C'est beaucoup plus dur de mesurer notre connaissance d'une langue parce que connaître un mot n'est pas binaire. Il y a des degrés entre ignorer qu'un mot existe et le connaître parfaitement. Quoi qu'il en soit, mettre en place un système où la régularité paye et où l'on est récompensé de nos investissements sera toujours une bonne chose. SURTOUT, cela fera la différence entre quelqu'un qui en est toujours au même point après 3 *ans* et quelqu'un qui parle couramment après 3 *mois*. Le prochain chapitre est consacré à la régularité en langues et à la manière de l'installer dans votre vie.

Mettons que vous ayez une routine en place qui vous permet d'apprendre une certaine quantité de mots par jour. Mettons que vous ayez aussi une stratégie en place qui vous permet de deviner un mot de temps en temps, voyez cela comme un mot que vous apprendriez gratuitement, sans effort. Mettons que cette capacité à deviner des mots découle directement de la quantité de vocabulaire dans laquelle vous investissez (comme pour un taux d'intérêt, en fait). Dans quelles proportions ces deux stratégies affecteraient-elles l'acquisition de votre nouvelle langue ?

Voici quelques courbes pour différents scénarios. Bien sûr, le vocabulaire ne fonctionne pas de manière aussi calculée qu'une banque mais l'essentiel ici est de voir l'impact que peuvent avoir des techniques lorsqu'on les cumule dans le temps.

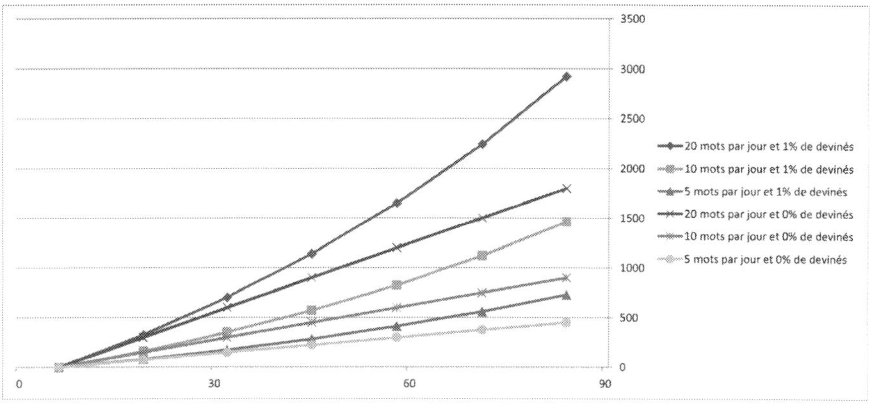

Intérêts cumulés appliqués aux langues, sur 90 jours

On voit sur ce graphique que, au bout de 3 mois, l'apprenant le plus efficace connaîtra près de 3 000 mots de vocabulaire alors que le moins efficace, celui qui n'apprend que 5 mots par jour et qui ne sait pas deviner le sens du vocabulaire sera, lui, toujours en-dessous de 500 mots connus. Avec 500 mots de vocabulaire, autant dire que l'on ne peut dire trois fois rien et que l'on en est à peu près au même stade qu'un vrai débutant… Après 3 mois, c'est bien dommage mais c'est souvent ce qui arrive. On comprend mieux que beaucoup de gens jettent l'éponge à ce stade. A l'inverse, quelqu'un qui apprend 20 mots par jour et devine le sens d'un mot sur cent, ce qui n'est tout compte fait pas beaucoup, connaîtra déjà prêt de 3 000 mots au bout de 3 mois, soit de quoi tenir une conversation avec une certaine aise.

Certaines personnes sont capables de parler couramment une langue au bout de trois mois parce que, en combinant des manières intelligentes d'apprendre et de deviner beaucoup, elles assimilent beaucoup plus, en moins de temps. Cela crée aussi un cercle vertueux. Plus on connait de choses, plus on profite de la langue facilement et, plus on profite de la langue, plus on en apprend.

Notez que, comme dans le cas de la finance où plus on est riche plus il est facile de tirer de gros profits, en vocabulaire, plus on est riche, plus il devient facile d'en acquérir du nouveau. La connaissance de langues similaires joue aussi. C'est pour ces raisons que quelqu'un qui parle français et espagnol n'aura pas de mal à apprendre le portugais, par exemple. C'est l'équivalent des taux d'intérêt pour les banques : nos dépôts, nos investissements, dans la « banque » mentale de notre vocabulaire, payent toujours des dividendes.

On vient de voir le scénario sur 3 mois, qui sont les mois les plus importants car c'est durant cette période que beaucoup se découragent, faute de voir les fruits de leur travail et de leur investissement en temps. Voyons maintenant sur plusieurs mois et mettons que notre objectif soit de connaître 20 000 mots, ce qui est vraiment un beau résultat puisque cela représente, pour une langue comme l'anglais, la quantité de vocabulaire dont dispose un adulte cultivé.

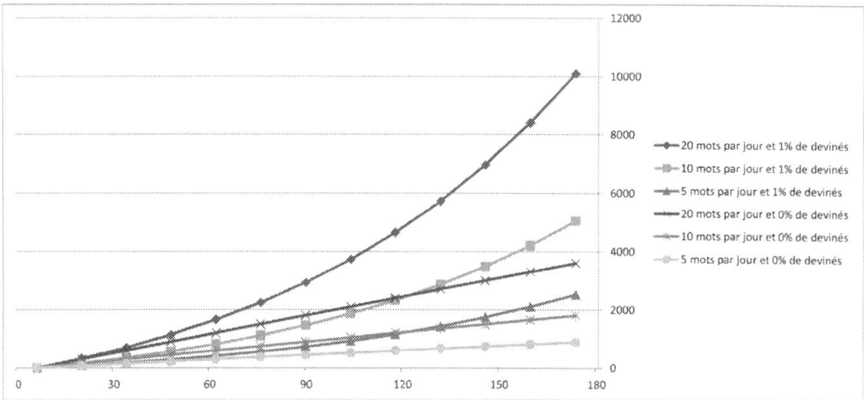

Intérêts cumulés appliqués aux langues, sur 180 jours

Cette courbe montre qu'en apprenant très peu de mots par jour, vous ne serez pas tellement plus loin après plusieurs mois que là où vous aurez commencé. Cela signifie avoir pris du temps pour apprendre, sans rien avoir à montrer en retour. Alors, si c'est pour rester au même stade, pourquoi s'embêter ? Autant rester dans son canapé à regarder la télé.

A l'inverse, en apprenant 20 mots par jour, que vous soyez capable de deviner ou non du vocabulaire au début, vous connaîtrez rapidement 2 000 mots ce qui est suffisant pour commencer à se débrouiller sans avoir honte de son niveau.

Si cela vous embête de vous poser un objectif chiffré parce que vous avez peur ou pas envie de faire le compte du nombre de mots que vous apprenez chaque jour, ce qui peut se comprendre… Gardez en tête que même le seul fait de vous exercer à deviner du vocabulaire peut faire la différence. Si vous êtes capable de deviner ne serait-ce qu'un mot sur cent mots connus, en vous exerçant tous les jours, avec 1% de progrès par jour, eh bien, au bout de 70 jours, vous aurez doublé la quantité de vocabulaire que vous connaissez.

Vraiment, en matière de progrès ou d'enrichissement de son vocabulaire, c'est le cumul dans le temps qui paye.

S'il vous arrive de vous interroger sur le chemin parcouru en langues, très bien. Prenez simplement soin d'observer que la marge de progrès entre deux jours consécutifs est ridicule. Ce sont les progrès cumulés qui apportent une immensité de connaissances. D'un jour à l'autre, vous ne gagnez rien. Si vous vous mettez au sport demain, à la musculation par exemple, et que vous allez à la salle de sport… 24H plus tard, vous ne serez pas musclé. Faites cela de manière régulière 3 fois par semaine ou plus et, dans 6 mois, votre corps ne sera plus le même. Même chose en langues. Visez le cumul. D'un jour à l'autre, tout ce que vous pouvez faire, tout ce qui est en votre contrôle, c'est essayer de vous amuser tout en apprenant de nouvelles choses. Le paiement, la réalisation que vous avez fait des progrès massifs, vient après.

Visez le cumul. D'un jour à l'autre, tout ce que vous pouvez faire, tout ce qui est en votre contrôle, c'est essayer de vous amuser tout en apprenant de nouvelles choses. Le paiement, la réalisation que vous avez fait des progrès massifs, vient après

Enfin, une dernière remarque sur ces courbes. Autant elles sont mathématiques en matière d'investissement financier, autant, en matière de langue, en raison du facteur humain elles ne peuvent servir que d'illustration à des concepts. Les styles d'apprentissage varient d'une personne à l'autre. La facilité à apprendre du vocabulaire nouveau évolue avec le temps (une abondance de mots nouveaux au début qui contraste avec une rareté de mots nouveaux passés certains caps). Ce qui reste vrai, dans tous les cas, c'est que privilégier certains aspects de l'apprentissage produit, par cumul, et avec le temps, des résultats très différents par rapport à quelqu'un qui les néglige.

De manière regrettable, il n'y a pas encore eu d'études sur le sujet en langues. L'utilisation de statistiques pour le suivi individuel est encore un concept assez nouveau en linguistique. Si vous apprenez l'anglais, je vous encourage à venir visiter mon site, BilingueAnglais.com, dont les fonctions d'enseignement et de suivi reposeront pour beaucoup sur ces principes.

En définitive, vous pouvez passer des mois et même des années sans atteindre le niveau où vous pouvez communiquer clairement et facilement. Lorsqu'on

Lorsqu'on s'y prend avec de mauvais outils, tout le temps du monde ne suffit pas

s'y prend avec de mauvais outils, tout le temps du monde ne suffit pas. Tout comme la plupart des gens ne seront jamais millionnaires, beaucoup de personnes ne mettront pas le temps à profit en matière de langues vivantes.

La grande différence, maintenant, est que vous savez ce qui joue en votre faveur au niveau du temps. Vous n'avez pas l'excuse de l'ignorance. Apprendre une langue vivante, sans être un marathon, reste un exercice quasiment quotidien. Si vous y songez tous les jours, autant vous arranger pour que cela porte ses fruits tous les jours. Même si de manière *apparemment* minime. Combinés dans le temps, ces progrès peuvent s'avérer énormes. Les efforts réguliers et intelligents payent. La question est donc : que faites-vous pour investir dans votre nouvelle langue et pour être payé en intérêts ?

Il y a de nombreux noms pour désigner ce principe qui fait que la modification d'un petit paramètre très tôt peut avoir des répercussions énormes par la suite. On peut appeler cela la théorie du chaos, l'effet papillon ou l'effet boule de neige. C'est le même principe qui est à l'œuvre à chaque fois : des conditions de départ a priori *peu* différentes produisent des situations *totalement* différentes à l'arrivée ! Il s'agit d'identifier ces facteurs critiques qui font la différence, cumulés dans le temps.

La modification d'un petit paramètre très tôt peut avoir des répercussions énormes par la suite. La gestion du temps est l'un de ces facteurs

La gestion du temps, en trouvant un peu plus de temps chaque jour, est l'un de ces facteurs. On en a vu beaucoup d'autres et s'améliorer, ne serait-ce qu'un petit peu, sur divers éléments provoque, par cumul, de gros changements. C'est l'idée derrière l'ensemble du livre : de petites capacités d'observation, d'organisation ou de mémorisation produisent, cumulées, un effet papillon, ce que l'on appelle communément avoir un « don » pour les langues.

6.2 La puissance de la régularité

On vient de le voir, pourvu de puiser un minimum de valeur de ce que l'on fait, la régularité est ce qui paye le plus sur le long ou même le moyen terme. C'est un cercle vertueux. En progressant un peu tous les jours vous accumulez des connaissances énormes.

La question est maintenant : comment agir pour mettre cette régularité en place ? Comment faire la passerelle entre *la belle idée* d'être régulier pendant des mois et *le fait* de commencer à être régulier. Concrètement : où placer nos efforts *aujourd'hui* pour être certain de pratiquer demain, après-demain et ainsi de suite, chaque jour, pendant les *mois* à venir ?

On espère souvent parvenir à notre but par la seule force de notre volonté. C'est naturel, lorsqu'on est motivé, de penser que cela va durer éternellement. La vérité est néanmoins que faire preuve de volonté demande des efforts et que notre motivation, notre énergie, et notre volonté s'épuisent toutes. Des imprévus surgissent toujours, notre intérêt évolue aussi et on se retrouve donc souvent à abandonner ce qui semblait pourtant être une très bonne résolution. Se reposer uniquement sur notre volonté pour être régulier est quasiment certain d'échouer. Ce que l'on désire, c'est quelque chose de plus simple qui permette d'être régulier sans avoir besoin de fournir des efforts.

Se reposer uniquement sur notre volonté pour être régulier est quasiment certain d'échouer. Ce que l'on désire, c'est quelque chose de plus simple qui permette d'être régulier sans avoir besoin de fournir des efforts

6.2.1 L'environnement

La meilleure manière d'être régulier, c'est de concentrer nos efforts maintenant pour modifier notre environnement. Notre environnement est responsable de nos habitudes et ce que l'on veut installer c'est *l'habitude* de pratiquer la langue. En modifiant notre environnement aujourd'hui, on installe de nouvelles habitudes pour les jours et semaines à venir.

Si vous avez toujours un paquet de bonbons qui traîne sur votre bureau, vous allez être certain d'en manger. Et si vous voulez fuir les caries, les calories ou la malbouffe… Bref, si vous voulez fuir ce paquet de bonbons, la meilleure

Notre environnement conditionne nos actions. Plus quelque chose est proche, moins cela demande d'efforts, et plus il est facile d'y succomber

manière, ce n'est pas de vous servir *exclusivement* de votre volonté pour lutter contre l'envie d'en manger… La volonté est limitée et vous finirez bien par céder, sans doute même sans y réfléchir. La meilleure manière d'utiliser votre volonté pour un tel objectif, c'est de cacher le paquet là où il sera inaccessible, ou bien de le donner, ou bien de le jeter !

Notre environnement conditionne nos actions. On agit surtout par automatisme. Plus quelque chose est proche, moins cela demande d'efforts, et plus il est facile d'y succomber. On a plus de chance de se laisser aller à ce à quoi on est exposé constamment plutôt qu'à ce qui est distant. C'est un peu le dicton « loin des yeux, loin du cœur » appliqué à nos actions, au quotidien.

Si vous voulez être régulier, le mieux est donc de modifier votre environnement pour que vous soyez entouré et exposé constamment à la langue. Votre langue devrait être partout autour de vous et, à ce moment-là, vous serez certain d'y « succomber » et de vous y adonner. Cela peut consister à s'encadrer de Post-It avec des notes sur la langue, à remplir votre baladeur de MP3 dans la langue, à acheter un billet pour le pays et à y penser tous les jours… En somme, on veut mettre en place des conditions qui vous amènent naturellement à pratiquer : automatiquement, sans y réfléchir, sans vous demander si c'est le bon moment, ni vous chercher d'excuses.

C'est plus facile de résister au début qu'à la fin. Si vous avez envie de pratiquer mais qu'il faut partir rassembler vos affaires … Je ne dis pas que vous ne le ferez jamais mais vous le ferez moins volontiers que si tout était à portée de main. Ce que nous enseignent une bonne gestion du temps ou la comparaison avec les intérêts cumulés c'est que ce sont justement ces petits détails qui, cumulés dans le temps, feront la différence. Si vous pratiquez chaque jour 15% de plus parce que tout est à portée de main, sur quelques semaines, cela fera déjà une *très* grosse différence.

Tout le monde a envie d'apprendre. Tout le monde *aime* apprendre. C'est valorisant, cela nous fait gagner en expérience, c'est un sujet de conversation intéressant, c'est un investissement pour notre avenir… Pourtant, on passe souvent beaucoup moins de temps à cela qu'on l'aimerait car cela semble plus gourmand en efforts que d'autres activités. La vérité est juste qu'apprendre n'occupe pas une place centrale dans la vie de la plupart des gens. La majorité des gens vit dans un environnement qui ne facilite pas le fait de se mettre à apprendre quelque chose, gratuitement, comme un loisir, juste parce qu'on n'en a envie et que c'est à portée de main. Cette « difficulté », le fait qu'apprendre chaque jour ne soit pas une évidence pour tout le monde, a beaucoup à voir avec tous les petits éléments de friction qui se placent entre vous et l'action d'apprendre. Prenons un grand rival de l'action d'apprendre : la télé !

Vous avez peut-être la chance de ne pas ou plus avoir de télé... mais mettons que vous en ayez toujours une. Comparez : est-il plus facile, lorsque l'on se pose dans votre canapé pour se reposer, d'allumer la télé ou bien de saisir un produit dans la langue que vous apprenez ?

Pratiquer la langue pendant des heures n'est pas plus fatiguant que de regarder la télé pendant des heures. Au contraire. Franchement... Songez-y... Rappelez-vous une après-midi passée à regarder la télé non-stop pendant des heures, à zapper d'une chaîne à l'autre, avec leur avalanche de publicités bruyantes, d'émissions débilitantes et de surenchères pour capter votre attention. Ne me dites pas que c'est reposant ! Certains programmes, sans doute... Mais dans son ensemble, la télé est fatigante. On peut comparer la télé à un incendie : ça brille, ça fait de la lumière et de jolies flammes alors, forcément, ça attire l'attention. Cela a beau être hypnotisant, ça ne veut pas dire que c'est une bonne chose.

J'ai pris la télé comme exemple parce que c'est une cible facile mais il y a évidemment d'autres produits similaires. L'ordinateur en fait partie et est encore plus tendancieux puisque, sur un ordinateur, on peut aussi bien passer des heures à apprendre que des heures à ne rien faire d'enrichissant.

Si vous voulez vraiment réussir à parler votre langue, vous avez besoin de *créer* cet environnement où, le jour où vous êtes fatigué, il est plus facile de pratiquer un peu votre nouvelle langue que de partir faire une autre activité. On cherche tous à économiser notre énergie, c'est une attitude naturelle et humaine. Ce n'est pas de la paresse. L'être humain aime les efforts mais a aussi besoin de repos. Il y a une explication à cela : si nos ancêtres avaient tous dépensé leur énergie dans tous les sens, ils seraient rapidement morts le jour où ils avaient besoin de fuir un prédateur. Seulement, on ne vit plus dans

Un instrument de musique à aller retirer de sa housse ou une méthode de langue à aller chercher dans un placard, face à la simplicité d'appuyer sur la télécommande ou de cliquer sur un lien, c'est là que le combat pour la régularité se joue

ce monde préhistorique hostile mais on a gardé cette tendance à économiser notre énergie. C'est une tendance naturelle, alors autant apprendre à conjuguer avec. Un instrument de musique à aller retirer de sa housse ou une méthode de langue à aller chercher dans un placard, face à la simplicité d'appuyer sur la télécommande ou de cliquer sur un lien, c'est là que le combat pour la régularité se joue.

On s'invente tous des excuses pour ne pas faire telle ou telle chose dont on tirerait pourtant un avantage. L'art consiste à vivre dans un environnement tel que, les excuses, vous vous les inventez pour les activités de second plan, pas pour les plus enrichissantes. Trouvez-vous des excuses pour ne *pas* regarder la télé. Trouvez-vous des excuses pour ne *pas* rester chez vous à ne rien faire. Trouvez-vous des excuses pour ne *pas* lire en français. Ca, c'est votre ligne de défense pour pratiquer régulièrement.

Votre ligne d'attaque, ce sera de trouver des prétextes pour faire ce qui compte le plus. Trouvez-vous un prétexte de rouvrir votre méthode de langue. Trouvez-vous un prétexte de vérifier la prononciation d'un mot. Trouvez-vous un prétexte de regarder comment dire une expression dans le dictionnaire. Trouvez-vous aussi évidemment des prétexte d'écouter des chansons, des livres audio ou de regarder des vidéos dans la langue. Là encore, votre environnement joue. Si vous n'avez que des logiciels dans la langue, si vous ne téléchargez que des produits dans la langue, si vous ne regardez plus que des programmes dans la langue… Alors, forcément, lorsque vous voudrez vous détendre vous le ferez *aussi* dans la langue ! Vous aurez peut-être le sentiment qu'il vaut mieux y aller à petits pas et que vous avez besoin d'une période de transition pour faire tout cela mais la vérité est que, plus tôt vous sautez le pas, moins vous aurez peur et plus vous progresserez rapidement.

La question est aussi : que faites-vous pour que vos moments de repos soient intéressants ? C'est normal d'avoir des moments où l'on ne fait RIEN d'autre que de se reposer, c'est même nécessaire. Ceci étant dit, apprendre une langue peut et *doit* être une activité reposante. Peut-être pas quand vous révisez les détails du subjonctif plus-que-parfait mais, quand vous lisez sur un sujet qui vous plait, ou, en tant que débutant, quand vous apprenez les bases tout en ayant le plaisir de la découverte, alors oui, c'est une activité reposante ! Par exemple, certains polyglottes sont passionnés par les langues tout simplement parce qu'elles leurs donnent l'impression de voyager constamment.

La beauté de la régularité, c'est qu'il n'y a même pas besoin de passer des heures d'affilée à étudier pour progresser. Tant que vous êtes dans l'habitude de pratiquer chaque jour, comme si c'était la chose la plus naturelle au monde, vous êtes sur la bonne voie… Si vous ne disposez que de peu de temps, la bonne dynamique, c'est d'en faire un peu mais régulièrement.

Comment inscrire tout cela dans son quotidien ? Un exemple idéal est le suivant : pratiquez plusieurs fois 5 minutes par jour, en envoyant un SMS ou un e-mail à vos connaissances, en vérifiant que ce que vous avez écrit est correct (dictionnaire, correcteur d'orthographe), en discutant un moment avec des connaissances sur Internet, en cherchant une info dans la langue, en repensant à quelque chose dans la langue…

Je vous donne un exemple, lors de mon séjour en Hongrie. Je fantasmais de pratiquer le hongrois au moins six heures par jour, histoire d'avancer très rapidement. Je n'en avais pas les moyens. Pour autant, pratiquer régulièrement, plusieurs fois 5 minutes par jour et/ou une heure de conversation environ dans la journée, à faible vitesse et en parlant peu… En ajoutant à cela 1h30 de cours par semaine seulement au début, faute de temps et d'argent… Tout cela m'a fait faire de gros progrès. Pourquoi? A baigner dans la langue (petites phrases en me baladant, en faisant des courses + SMS + e-mail + amis), j'étais constamment sollicité. Ces prétextes, comme des rappels, déclenchaient constamment en moi l'envie ou le besoin de faire quelque chose en hongrois.

Un autre avantage de la régularité est qu'elle empêche de rouiller. On ne régresse pas.

Enfin, une autre vertu : pratiquer au quotidien fait que l'on se surprend parfois à en faire plus que d'habitude, simplement parce que, à force de multiplier les occasions, parfois on finit par en faire beaucoup, sans s'en

Rendez le fait de pratiquer votre nouvelle langue plusieurs fois par jour NORMAL. Parce que c'est tout ce que c'est : normal !

rendre compte. C'est un peu le principe du pied dans la porte : une fois que l'on commence quelque chose et que l'on s'y tient, on se surprend à en faire de plus en plus. Si on se promet de pratiquer une fois dans la semaine, on est sûr d'oublier parfois. Si on se crée un environnement dans lequel il est facile de pratiquer tous les jours, on est sûr d'en faire *énormément* parfois.

Il s'agit de prendre de bonnes habitudes et de rendre le fait de pratiquer votre nouvelle langue plusieurs fois par jour NORMAL. Parce que c'est tout ce que c'est : normal !

6.2.2 Stratégies pour être régulier

Lorsque vous apprenez quelque chose, répétez-vous le, le reste de la journée et les jours suivants. La répétition n'a pas besoin de se faire devant un livre, une méthode ou un prof. Repensez simplement à ce que vous avez entendu, laissez les mots vous flotter en tête. C'est sûrement une des choses les plus importantes et les plus simples que vous puissiez faire pour votre nouvelle langue. D'abord, parce que ça ne demande pas d'efforts, ensuite, parce que cela vous permet de rendre la langue habituelle pour vous et c'est ce que l'on désire pour progresser.

Tous ces rappels à l'ordre passent encore une fois par votre environnement. Voici certaines stratégies pour mettre en place un environnement qui vous sert à apprendre :

- Configurez votre *téléphone*, *Facebook*, votre webmail, et toutes les applications et produits auxquels vous songez, dans la langue que vous étudiez. Réinstallez FireFox ou d'autres logiciels que vous utilisez couramment dans la langue cible.

- Utilisez les distributeurs de billets et tout autre appareil électronique dans votre nouvelle langue.

- Jurez dans votre nouvelle langue. Quitte à être vulgaire, autant que ce soit amusant et enrichissant culturellement!

- Placez vos livres dans la langue en évidence chez vous, un peu partout dans la maison. Pour lire dans la langue plutôt que regarder la télé, ou bien pour lire dans la langue plutôt qu'en français avant de dormir, par exemple. Il ne s'agit pas de mettre le désordre chez vous mais d'avoir des piles de contenus à disposition. Par exemple, une dans le salon et une à côté de votre lit et un bon dictionnaire bilingue à votre bureau.

- Placez des images du ou des pays où l'on parle la langue (des photos, des découpes d'articles de presse, un article que vous avez aimé, etc.) en évidence. Au mur, sur le frigo, sur votre poste de travail... Cela réveille le désir et amène à l'action. Achetez un billet pour une destination où pratiquer la langue ou entreprenez des démarches pour financer un tel voyage.

- Remplissez votre baladeur de MP3 dans la langue pour vos temps de transport et pour le plaisir. Songez téléphone, lecteur MP3 ou lecteur pour voiture. Ca peut être des méthodes de langue, de la musique, des livres audio. L'essentiel est qu'il soit facile d'écouter des contenus que vous aimez dans la langue. Effacez les contenus que vous n'aimez pas et procurez-vous en de nouveaux régulièrement, que vous aimez, pour compléter votre collection. On veut que vous ayez plaisir à appuyer sur le bouton « lecture » pour écouter vos MP3.

- Si vous aimez lire la presse, configurez votre page d'accueil Internet sur un site d'actualités dans la langue.

- Créez-vous plein de connaissances ou d'amis qui parlent la langue et qui vous contacteront et que vous contacterez naturellement parce que vous vous appréciez mutuellement. On n'a jamais trop d'amis.

Si vous avez déjà eu l'impression de perdre votre temps sur Facebook, au moins, à le faire dans votre nouvelle langue, en sollicitant et en rafraîchissant votre mémoire, vous aurez l'impression d'avoir gagné quelque chose ! Peut-être que toutes vos connaissances ne sont pas des natifs mais mettre l'interface dans la langue, par exemple, sera un rappel et une invitation constante à pratiquer.

Les langues rares ne seront pas disponibles pour tous les produits informatiques mais cela ne vous empêche pas de vous rattraper sur d'autres fronts.

Tous ces détails peuvent sembler insignifiants : par exemple, avez-vous vraiment besoin de régler l'interface de votre téléphone dans la langue cible ? Non, vous n'en avez pas *vraiment* besoin et *tout* le vocabulaire que vous y apprenez ne s'avérera pas indispensable. C'est la démarche dans laquelle vous vous engagez qui est importante, pas juste les contenus. Ces détails fonctionnent comme des *déclencheurs*. Ils vous font penser dans la langue un bref instant, ils vous rappellent que vous avez envie de prendre du temps pour la langue, ils vous invitent à pratiquer… Si vous apprenez l'anglais, le *texte* contenu en anglais dans l'interface de votre téléphone ne vous rendra pas bilingue… *En revanche*, *l'action* de faire de l'anglais plusieurs fois par jour jusqu'à ce que cela devienne naturel, elle, est LE mécanisme qui vous rendra bilingue.

La première cible de vos efforts, de votre volonté, est de faire parler la langue à votre environnement

On en revient à deux choses : le fait que les *efforts*, cumulés, PAYENT et le fait que rendre la langue étrangère *familière* est le SEUL moyen de la dompter et de la mettre à votre service. On ne peut pas lutter contre une langue, juste l'accepter et s'arranger pour qu'elle fasse partie de notre vie. Pour cela, la première cible de vos efforts, de votre volonté, est de faire parler la langue à votre environnement.

La question est au final la suivante et je vous demande d'y répondre dès maintenant et de continuer à y réfléchir pendant les jours à venir : que faites-vous pour que votre nouvelle langue fasse partie de votre vie chaque jour ?

Posez le livre un instant. Prenez le temps de répondre à cette question en voyant tout ce que vous pouvez mettre en place pour installer votre nouvelle langue un peu partout dans votre environnement, chez vous, dans les transports et sur votre lieu de travail. N'hésitez pas à en profiter pour commander des livres ou télécharger des contenus. Je vous ai donné quelques pistes plus tôt mais vous avez peut-être des idées supplémentaires. Prenez 5 minutes pour faire la liste des transformations que vous allez apporter à votre environnement.

6.3 Inventer du temps libre

On vient de parler de l'importance de la régularité sur le long-moyen terme (3 mois par exemple) et sur le très court terme (une journée !). Maintenant, que peut-on faire pour trouver davantage de temps pour nos activités dans la langue ?

On court tous après le temps. Là où on a de la chance, c'est que les langues vivantes sont un des rares domaines pour lesquelles il est possible d'*inventer* du temps libre. Inventer, cela veut dire deux choses : créer ou découvrir.

Alors, comment cela fonctionne, « inventer du temps libre » ? Sur une journée type, on a tous des moments perdus. Des instants qui ne servent à rien. Quelques exemples : prendre les transports pour aller ou revenir de son travail, faire la queue au supermarché, à la Poste ou chez le médecin, attendre pour une réunion, attendre au téléphone, attendre que quelqu'un nous rappelle, attendre quelqu'un à un rendez-vous… Il y a toujours des moments qui ne sont rien d'autre qu'une perte de temps. Personnellement… Je détestais ces moments, jusqu'à découvrir à quel point on peut – heureusement ! – les mettre à profit.

Les « moments cachés » : bien qu'ils aient toujours été là, on finit généralement par les accepter comme une fatalité et on ne voit pas qu'ils peuvent servir à quelque chose

Barry Farber, un polyglotte et animateur de radio, en parle dans son livre *How to learn any language*. Il appelle ces moments des « moments cachés » car, bien qu'ils aient toujours été là, on finit généralement par les accepter comme une fatalité et on ne voit pas qu'ils peuvent servir à quelque chose.

Pour ce qui est d'apprendre une langue, ces moments s'avèreront extrêmement utiles. En nous créant de nombreuses bulles pour pratiquer la langue, de quelques secondes à de nombreuses minutes, on sollicite notre capacité à parler constamment et on rend la langue encore un peu plus familière. Vous avez de nombreuses manières de mettre ces moments à profit. Cela peut être de resonger à des choses dans la langue, de répondre à un SMS dans celle-ci, de réviser un logiciel de langue sur votre téléphone, d'écouter une leçon sur MP3, d'écouter de la musique dans la langue, un livre audio… Il s'agit, pour réussir cela, d'avoir *toujours* de quoi faire, sur soi, à tout moment !

Là encore, l'environnement jouera la différence, alors mettez-le à votre service : ayez toujours des contenus sur vous ! Lorsque ce n'est pas le cas, vous avez comme recours de songer à des choses dans la langue. L'imagination est aussi un bon moyen de réviser, on en a déjà parlé.

La beauté de tout cela est que, non seulement cela vous fait pratiquer, mais cela enlève la frustration de perdre son temps *et* cela fait passer le temps beaucoup plus vite. Mon sentiment que les transports ou faire la queue à la Poste durent une éternité a disparu. Des années plus tard, je continue à être surpris de voir à quel point le temps passe vite quand je fais une activité prenante dans la langue pour combler un moment d'attente.

Personnellement, j'ai entretenu mon anglais sans jamais le perdre pendant des années grâce à cela tout en apprenant une tonne de choses sur de nombreux sujets (de tête : développement personnel, psychologie, marketing, gestion d'entreprise, musique). Ma principale utilisation de cette technique était en allant et revenant de mon travail. Avec 2x30 minutes par jour pendant des années j'ai dû écouter quelques quinzaines de livres audio vraiment intéressants. De nos jours, je travaille à mon compte et mes moments perdus sont plus courts. Je les utilise principalement pour vérifier un mot en hongrois dans le dictionnaire (sur papier, sur ordinateur ou sur mon téléphone) ou bien pour écouter une leçon pendant quelques minutes ou bien écouter de la musique dans la langue, avec les paroles copiées sur mon téléphone.

Un corolaire de cette technique, très proche mais qu'il est bon à mon avis de distinguer, est d'utiliser ce genre de moyens pour faire du multitâche. Par exemple, écouter des MP3 en faisant du sport ou bien en conduisant ou bien en se baladant. Cela a aussi une certaine efficacité bien sûr, puisque cela nous fait baigner dans la langue, et on ne sera jamais *trop* exposé à notre nouvelle langue. Simplement, gardez en tête qu'un moment de pratique où vous êtes totalement concentré n'a évidemment pas la même valeur qu'un moment où vous faites du multitâche. C'est possible d'être très concentré avec la technique précédente, même si c'est sur de très courts instants ; par exemple, vous pouvez vous concentrer sur la langue lorsque vous faites la queue – suivre si la file d'attente avance ne demande pas de concentration et ne peut pas être considéré comme faire du multitâche ! Au contraire, faire du sport ou conduire en même temps, par exemple, vous demande de *partager* votre attention. Faire cela aura un effet positif sur votre apprentissage mais il restera généralement davantage de doute qu'en étant concentré sur une chose à la fois. Le multitâche est donc un bon complément mais ne se suffit pas. Soyez simplement conscient de cela. Il vous faudra aussi des moments « en tête à tête » avec la langue, à n'être concentré que sur elle.

Quoi qu'il en soit, utilisez les deux techniques ! Cumulées dans le temps, elles vous feront pratiquer énormément.

6.4 Viser le progrès

Dans l'apprentissage de votre nouvelle langue, gardez en tête que votre but permanent est de vous améliorer, pas d'être parfait !

Dans l'apprentissage de votre nouvelle langue, gardez en tête que votre but permanent est de vous améliorer, pas d'être parfait !

Une nouvelle langue est comme une esquisse. D'abord, le trait est pâle et incertain. On sait à quoi on désire arriver mais, même si l'image est nette dans notre tête, l'image est encore floue sur le papier. Pour continuer avec l'analogie au dessin : il est impossible de tout dessiner en une fois, en un seul et unique coup de crayon ! Alors on dessine petit à petit, on précise le trait en repassant sur les traits précédents pour les peaufiner. C'est la même chose en langues vivantes. On progresse par étapes successives pour gagner en précision.

Pour toutes les raisons expliquées précédemment, il n'est pas possible d'être parfait dès le départ. La mémoire est progressive et la langue est tentaculaire. On a donc *besoin* d'avancer par étapes. Viser la perfection dès le départ, c'est s'assurer d'être frustré et déçu.

Une langue est beaucoup de choses à la fois. Un mélange de travail cérébral sur l'écoute, de travail musculaire sur la prononciation, de travail logique sur la grammaire et d'un travail sur le vocabulaire qui réunit tous les éléments précédents. Le cerveau travaille dans tous les sens, dans un domaine encore inexploré, surtout si c'est votre première langue supplémentaire. Il est donc parfaitement normal de ne pas faire ou réussir tout à la fois, au premier essai ! Abandonnez donc l'idée de perfection pour préférer celle de *progression.*

La progression, c'est de constater que vous vous habituez aux sons de la langue. La progression, c'est de mémoriser les syllabes les plus fréquentes et de ne plus être surpris de les rencontrer. La progression, c'est être capable de construire des phrases simples puis, par la suite, de les combiner en phrases complexes.

Cette progression est un des éléments les plus satisfaisants lorsqu'on apprend une langue. Se voir progresser, en voyant par exemple que l'on comprend ce que l'on ne comprenait pas il y a deux semaines, est euphorisant ! C'est du plaisir à l'état pur !

Votre but permanent dans votre nouvelle langue est donc de vous voir progresser constamment et sans discontinuer.

Pour estimer vos progrès, comparez votre capacité à communiquer à celle d'un enfant. Dans votre nouvelle langue, est-ce que vous pouvez parler comme un natif de 3 ans ? 4 ans ? 7 ans ?!... 10, 15 ?!?!... En plus d'être pratique et léger, ce moyen de comparaison est aussi assez juste.

Rappelez-vous enfin de mettre vos progrès en perspective. Tout comme personne ne devient riche du jour au lendemain en épargnant, personne ne voit de progrès en s'observant d'un jour à l'autre. On a tout de même besoin de *sentir* que l'on fait des progrès. C'est naturel, personne ne veut avoir l'impression de stagner ou de perdre son temps. Simplement, regardez où vous en étiez il y a deux semaines plutôt qu'il y a deux jours. Puis deux mois plutôt qu'il y a quelques semaines. Si vous êtes régulier et utilisez les principes et techniques de ce livre, vous serez certain de constater de beaux progrès, intéressants, qui vous mettent en valeur.

6.5 La loi de Parkinson

Un concept qui nous intéresse pour progresser *plus vite* dans un domaine, quel qu'il soit, se nomme la loi de Parkinson. Les langues n'y échappent pas.

La loi de Parkinson nous dit que, plus nous disposons de temps pour faire quelque chose, plus nous remplissons ce temps disponible de travail. C'est-à-dire : si vous pensez qu'il faut 5 ans pour apprendre votre langue, vous allez distribuer vos efforts sur 5 ans, en ajoutant des étapes peu importantes, au lieu de concentrer vos efforts sur l'essentiel.

La loi de Parkinson nous dit donc aussi que plus nous accordons de temps à une échéance, plus nous reculons cette échéance *même s'il* était possible de l'atteindre plus tôt. La loi de Parkinson est aussi une loi assez humoristique que tout le monde a, je pense, confirmé par l'expérience. Par exemple, cela vous est-il déjà arrivé de vouloir consacrer une après-midi à ranger chez vous ? Cela vous a peut-être pris des heures avant de commencer, puis un moment avant de le faire à fond, et sans doute avez-vous pris de longues pauses ; bref, cela semblait interminable. Maintenant, un autre jour où vous n'aviez qu'une heure à y consacrer parce que vous attendiez du monde, tout s'est bouclé comme par magie en une heure ! Peut-être que vous étiez encore en train de ranger lorsqu'on a sonné à la porte mais, au final, le résultat était là dans le temps imparti !

La loi de Parkinson nous dit que, plus nous disposons de temps pour faire quelque chose, plus nous remplissons ce temps disponible de travail

Je ne dis pas que vous allez apprendre votre nouvelle langue en une heure parce que vous vous posez une limite d'une heure… Ce que nous dit la loi de Parkinson c'est, simplement, que le temps est élastique et que l'on a tendance à utiliser *tout* temps imparti *jusqu'au bout*, plutôt que de finir tôt. Pour contrer cette tendance somme toute humaine, il s'agit et, en un sens, il suffit de se poser une limite de temps, tout en se promettant de ne pas perdre de temps en travail inutile. Une limite de temps et la promesse de se consacrer à *l'essentiel* durant le temps imparti permettent d'avancer rapidement.

Le temps est élastique

Personnellement, je suis convaincu, par mon expérience et celle observée chez d'autres, que, avec la bonne approche et en se créant de bonnes conditions, on peut tous apprendre à parler couramment une nouvelle langue entre 3 et 6 mois. Cela demande un certain engagement et de marier cela à son emploi du temps mais est facilité par l'utilisation d'une bonne approche. En somme, cela ne nécessite pas de dons surnaturels pour apprendre dans de tels délais.

Une limite de temps et la promesse de se consacrer à *l'essentiel* durant le temps imparti permettent d'avancer rapidement

D'après mes observations, on peut considérer que tout le monde est capable de parler couramment une langue très différente de sa langue natale ou bien une première nouvelle langue, au bout de 6 mois seulement. Pour une langue proche de sa langue natale ou pour quelqu'un qui maîtrise déjà d'autres langues, il est possible d'apprendre à parler couramment en 3 mois. Ce n'est pas de la magie. Cela consiste simplement à en faire tous les jours de manière intelligente, intéressante et organisée.

Je considère que viser d'apprendre à parler couramment une langue sur plus de 2 ans ne sert généralement à rien. (Qui sait ce qu'il fera dans 2 ans et si ses aspirations seront les mêmes? Qui a le courage de s'atteler 2 ans à quelque chose sans résultats probants ?). Si c'est pour viser de parler couramment au bout de 2 ans seulement, autant ne rien faire… C'est décourageant d'avancer si lentement et cela mène généralement à l'échec. Si vous apprenez depuis quelques années, considérez que la lecture de ce livre est votre nouveau point de départ et visez de parler couramment en 3 à 6 mois.

D'ailleurs, pour reprendre l'exemple d'une heure… Si vous considériez que vous n'avez qu'UNE heure pour apprendre votre nouvelle langue… Ce qui serait fou… Mais imaginons… Cela vous amènerait certainement à avoir des résultats eux aussi fous en essayant de comprendre le *maximum* de choses sur la langue en un *minimum* de temps. Lorsqu'on commence une langue en 6ème et que l'on sait que cela va nous suivre toute notre scolarité, où est l'incitation à apprendre le maximum de choses en un minimum de temps ?

C'est vraiment dommage parce que, en langues vivantes, faire cela *au début* est vraiment une bonne chose. Cela permet d'être opérationnel plus tôt et de simplifier tout le reste de l'apprentissage. Si vous comprenez les grandes lignes de la grammaire et de la phonétique tout en apprenant quelques mots de vocabulaire, vous pouvez rapidement avoir de bons repères dans la langue... et tout cela EST faisable, par exemple, en l'espace d'une heure. Le problème du système scolaire est qu'il amène à ignorer l'essentiel sous prétexte d'avoir du temps – des années – devant soi. A diluer ce qui est important, on passe à côté.

Le plus dur pour un enfant qui apprend sa langue natale se passe entre 0 et 7 ans, pas entre 7 et 14 ans. Imaginez couvrir ces bases rapidement en tant qu'adulte (vous avez déjà une bonne partie des connaissances pour) et vous pourriez profiter des mois suivants pour avancer en mode croisière, à vous faire plaisir. A l'inverse, beaucoup trop d'entre nous ont passé des années à couvrir les bases les plus rébarbatives, tant est si bien que la notion de plaisir est noyée par la lenteur des progrès. Cette lenteur est pour beaucoup due, au final, à un manque d'ambition, associé à l'idée que l'on a tout le temps au monde pour apprendre… Ce qui ne pousse pas à l'action et donc encore moins à prendre les actions déterminantes pour nos progrès.

Concentrez vos efforts dans le temps et laissez de côté les croyances limitantes du type « il faut des années pour parler la langue Bidule ». Cela vous permet d'agir plus efficacement et sans vous chercher d'excuses. Le mieux pour cela est de voir qu'il existe de nombreuses personnes qui y arrivent. Si votre cadre de référence ce sont les personnes qui ont suivi le système scolaire et qui, en moyenne, ne parlent pas un mot… Oui, c'est sûr, cela peut prendre *des années* et même *une éternité* pour réussir à (ne pas) parler la langue ! Si votre cadre de référence, ce sont toutes les personnes qui ont appris à parler couramment leur nouvelle langue en trois mois, cela vous donne une autre vision des choses, tellement plus progressive… et tellement plus motivante aussi. Trois mois, cela semble à portée de main.

Gardez donc en tête qu'en priorisant ce qu'il y a de plus important et en concentrant vos efforts dans le temps, vous pouvez atteindre des résultats impressionnants. Qui plus est, cela vous permet de VOIR le fruit de votre travail, ce qui à son tour donne de la confiance et motive à aller plus loin.

Fiche-synthèse : gérer son temps

Exercice – Votre vie, votre environnement

Que faites-vous pour que votre nouvelle langue fasse partie de votre vie chaque jour ? Respectez la liste suivante :

- ☐ **Exploitez les techniques de ce livre**, en particulier du chapitre *Faire face à l'inconnu et réussir* (chapitre 3), pour deviner des mots tous les jours.

- ☐ **Concluez vos achats et téléchargements** de produits dans la langue (voir Exercice 2 de la fiche-synthèse *Démarrer intelligemment* (chapitre 1)).

- ☐ **Disposez des piles de produits** dans la langue chez vous aux endroits où vous passez le plus de temps (table basse, bureau, table de chevet, cuisine, etc.)

- ☐ **Configurez votre matériel** informatique dans la langue cible :

  - ☐ Mettez vos **appareils électroniques** dans la langue cible (téléphone, lecteur MP3, appareil photo, caméscope, etc.).

  - ☐ Réinstallez vos **logiciels** dans la langue cible (FireFox, Chrome, lecteur multimédia, etc.).

  - ☐ Configurez vos **applications en ligne** dans la langue cible (Google, Gmail, Facebook, Hotmail, etc.).

  Les premières fois que vous les utilisez, gardez un dictionnaire bilingue à portée de main. Vous vous habituerez rapidement à avoir tous ces produits dans votre nouvelle langue, après avoir regardé dans le dictionnaire quelques fois, car ce sont des produits qui servent couramment.

- ☐ **Ayez toujours de quoi pratiquer sur vous :**

  - ☐ Copiez énormément de **musique**, de **méthodes de langue** et de **livres audio** vers votre lecteur de musique portable.

- ☐ Essayez les **applications** pour apprendre sur votre téléphone.

☐ **Utilisez la loi de Parkinson** à votre avantage :

- ☐ **Fixez-vous des créneaux de temps** où vous essayez d'apprendre le maximum en un minimum de temps, pour concentrer vos efforts sur l'essentiel.
- ☐ **Fixez-vous une limite de temps** pour parler couramment :
  - Fixez-vous de **3 à 6 mois** si vous parlez déjà couramment au moins une langue étrangère.
  - Fixez-vous de **6 à 9 mois** si c'est la première langue étrangère que vous voulez parler couramment ou si c'est une langue très différente du français[5].

Complétez cette liste dès maintenant !

[5] On peut considérer que les familles de langue suivantes sont proches du français par leur structure et/ou leur vocabulaire : les langues romanes (roumain, espagnol, italien, portugais), germaniques (flamand, néerlandais, allemand, anglais, danois, suédois, islandais, norvégien) et le grec. Une langue différente mais riche en contenus disponibles (comme le japonais ou le chinois) vous fera aussi gagner du temps par rapport à une langue plus rare.

EPILOGUE

En ayant une compréhension assez fine de la manière dont fonctionnent les langues vivantes et le langage en général, quelle que soit la langue… En ayant des repères pratiques sur la manière dont fonctionne la mémoire… Enfin, en ayant une stratégie qui respecte tout cela, avec des priorités claires et un environnement qui supporte vos progrès… J'espère que vous aurez tout ce dont vous avez besoin pour maîtriser votre nouvelle langue rapidement et la parler couramment d'ici quelques mois, tout en commençant à prendre plaisir à la parler ou la comprendre *dès le début.*

J'espère que ce livre vous a fourni de nombreuses informations qui vous font voir les langues différemment et de manière plus constructive que par le passé. Mon but a été de montrer à quel point la langue est accessible de manière naturelle et les moyens à votre disposition pour cela. J'espère aussi que j'ai réussi à vous donner les moyens de décomposer toute situation difficile face à une nouvelle langue, pour que vous ayez des moyens concrets d'agir, de comprendre et d'assimiler ce que vous apprenez.

Je vous remercie d'avoir suivi et investi dans cet ouvrage et je vous souhaite ENORMEMENT de succès dans l'apprentissage de votre nouvelle langue et de toute langue à venir !

Avec tous mes vœux de succès ! *All the best! Minden jót !*
L'auteur

REMERCIEMENTS

Maïté Snauwaert, Sandra Bouarroudj, Simo Bennis et Pascal Huet pour vos remarques, tant sur le fond que sur la forme, sur le manuscrit. Votre sens de l'observation et votre franchise. ont rendu le livre meilleur : il n'aurait jamais été aussi clair sans vos précieuses contributions ! La plus belle surprise a sans doute été de vous voir mettre en valeur les mêmes parties du livre, sans concertation. Cela m'a permis de voir où la principale valeur du livre résidait lors des phases de réécritures.

Merci à tous les lecteurs de *Devenir bilingue en anglais* et du courrier des lecteurs de BilingueAnglais.com, pour votre fidélité. Ce livre n'aurait peut-être jamais vu le jour sans le succès du premier. Vos demandes de courriers plus nombreux ou d'un nouveau livre m'ont fortement encouragé. Merci également pour vos témoignages enrichissants, depuis maintenant plus de quatre ans : ils ont su orienter mon travail en langues vivantes et l'orientent encore aujourd'hui.

Merci enfin à toutes les personnes merveilleuses que j'ai pu rencontrer lors de mes aventures linguistiques ! Qu'il s'agisse de personnes rencontrées sur Paris, grâce à la magie d'Internet, ou sur « le terrain », à travers mes voyages. Une pensée particulière pour Edina Göncz, Ibolya Gergely, Dóra Kátai, Irma Takács, Ágnes Ódri, Tatiana Kharitonchik et István Simonovits. Merci de m'avoir aidé à apprendre, à pratiquer ou de m'avoir donné le goût d'apprendre de nouvelles langues !

BIBLIOGRAPHIE

- Emotional Intelligence, *Daniel Goleman*
  ISBN : 978-1408806166

- Frogs Into Princes, *Richard Bandler and John Grinder*
  Epuisé

- How the Brain Learns, *David A. Sousa*
  ISBN : 978-1412997973

- How the ELL Brain Learns, *David A. Sousa*
  ISBN : 978-1412988346

- How To Learn Any Language: Quickly, Easily, Inexpensively, Enjoyably and on Your Own, *Barry Farber*
  ISBN : 978-0806512716

- The 4-Hour Work-week, *Timothy Ferris*
  ISBN : 978-0307465351

- What To Say When You Talk to Yourself, *Shad Helmstetter*
  ISBN : 978-0671708825

8018162R00143

Printed in Germany
by Amazon Distribution
GmbH, Leipzig